| The Clean Coder |

Clean Coder
クリーンコーダー

プロフェッショナルプログラマへの道

Robert C. Martin 著
角 征典 訳

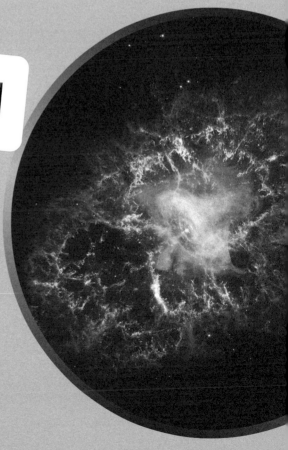

ASCII
DWANGO

商標

本文中に記載されている社名および商品名は、一般に開発メーカーの登録商標です。
なお、本文中では TM・©・®表示を明記しておりません。

Copyright

Authorized translation from the English language edition, entitled CLEAN CODER, THE: A CODE OF CON
DUCT FOR PROFESSIONAL PROGRAMMERS, 1st Edition, by MARTIN, ROBERT C., published by Pearson
Education, Inc, publishing as Prentice Hall, Copyright © 2011.
All rights reserved. No part of this book may be reproduced or transmitted in any form or by any means,
electronic or mechanical, including photocopying, recording or by any information storage retrieval system,
without permission from Pearson Education, Inc.

JAPANESE language edition published by DWANGO CO., LTD., Copyright © 2018.

Japanese translation rights arranged with PEARSON EDUCATION, INC., through JAPAN UNI AGENCY,
INC., TOKYO JAPAN.

本書は、米国 Pearson Education, Inc. との契約に基づき、株式会社ドワンゴが翻訳、出版したものです。

The Clean Coder

A Code Of Conduct for Professional Programmers

Robert C. Martin

PRENTICE
HALL

Upper Saddle River, NJ • Boston • Indianapolis • San Francisco
New York • Toronto • Montreal • London • Munich • Paris • Madrid
Capetown • Sydney • Tokyo • Singapore • Mexico City

『The Clean Coder』に対する称賛の声

アンクル・ボブ・マーチンは、最新作で水準を引き上げている。上司とのやり取り・時間管理・プレッシャー・協調・使用ツールの選択など、彼がプロのプログラマに期待することが説明されている。これらは TDD や ATDD といった話ではない。すべてのプロのソフトウェア開発者が知るべきことであり、若きソフトウェア開発者が成長するために必要なことである。

> マーカス・ガートナー
> シニアソフトウェア開発者
> it-agile 社
> www.it-agile.de
> www.shino.de

刺激や教訓を与えてくれる技術書がある。喜びや楽しみを与えてくれる技術書もある。だが、この4つの要素をすべて与えてくれる技術書はほとんど存在しない。しかし、ロバート・マーチンの著書にはいつもすべてが詰まっている。『*The Clean Coder*』も例外ではない。本書に書かれた教訓を読み、学び、生かしていけば、きっとソフトウェアのプロになれるだろう。

> ジョージ・ブロック
> シニアプログラムマネージャ
> Microsoft 社

コンピュータサイエンスの学位に「卒業したら読むべき本」があれば、それはきっと本書になるだろう。実際の現場では、ひどいコードをなかったことにはできない。徹夜でコーディングしても優秀な成績にはならない。いちばん厄介なのは、みんなとうまく付き合うことだ。つまり、コーディングの達人は、必ずしもプロではないのだ。『*The Clean Coder*』は、プロへの道のりを示してくれる。それから、仕事の楽しさも教えてくれる。

> ジェフ・オーバーベイ
> イリノイ大学アーバナシャンペーン校

『*The Clean Coder*』は、単なる規則や指針の集まりではない。長年の試行錯誤や熟練の下で修行した末に獲得できる知恵や知識を集めたものである。ソフトウェアのプロには本書が必要だ。

> R・L・ボゲッティ
> リードシステムデザイナ
> Baxter Healthcare 社
> www.RLBogetti.com

1986 年から 2000 年にかけて、ジム・ニューカークと一緒に仕事をした。彼は Teradyne 社の同僚だった。2 人でプログラミングとクリーンコードに対する情熱を共有した。夜も昼も週末もずっと一緒になって、さまざまなプログラミングスタイルや設計技法と戯れた。ビジネスアイデアをいつも一緒に考えた。最終的には、2 人で Object Mentor, Inc. を作ることになった。一緒に計画を立てるなかで、ジムから多くのことを学んだ。最も重要なのは、彼の**労働倫理**に対する態度だ。必死にそれをマネしようとした。ジムはプロだ。彼と一緒に働けること、彼を友達と呼べることを、私は誇りに思う。

目　次

まえがき ……………………………………………………………… 11
訳者まえがき ………………………………………………………… 15
序文 …………………………………………………………………… 17
本書について ………………………………………………………… 19
参考書 ………………………………………………………………… 19
謝辞 …………………………………………………………………… 21
著者について ………………………………………………………… 25
表紙について ………………………………………………………… 26

序　章　必読イントロダクション ……………………………… 29

第1章　プロ意識 ………………………………………………… 33

プロになる前に注意したいこと …………………………………… 33
責任を取る …………………………………………………………… 34
第一に危害を加えてはいけない …………………………………… 36
労働倫理 ……………………………………………………………… 39
参考文献 ……………………………………………………………… 45

第2章　「ノー」と言う ………………………………………… 47

反対者の役割 ………………………………………………………… 49
大金 …………………………………………………………………… 52
「チームプレーヤー」になる ……………………………………… 53
「イエス」と言う代償 ……………………………………………… 57
コードの実現不可能性 ……………………………………………… 62

第3章　「イエス」と言う ……………………………………… 65

約束の言葉 …………………………………………………………… 66

「イエス」と言う方法を学ぶ ……………………………………… 70

結論 …………………………………………………………………… 73

第4章 コーディング ……………………………………… 75

準備 …………………………………………………………………… 76

フローゾーン ………………………………………………………… 79

書きたいのに書けない ……………………………………………… 81

デバッグ ……………………………………………………………… 82

自分のペースを保つ ………………………………………………… 85

遅れ …………………………………………………………………… 86

ヘルプ ………………………………………………………………… 88

参考文献 ……………………………………………………………… 90

第5章 テスト駆動開発 …………………………………… 91

結論は出た …………………………………………………………… 92

TDDの3原則 ………………………………………………………… 93

TDDは何ではないか ………………………………………………… 96

参考文献 ……………………………………………………………… 97

第6章 練習 …………………………………………………… 99

練習の背景 …………………………………………………………… 99

コーディング道場 ………………………………………………… 102

経験を広げる ……………………………………………………… 105

結論 ………………………………………………………………… 105

参考文献 …………………………………………………………… 106

第7章 受け入れテスト ………………………………… 107

要求のコミュニケーション ……………………………………… 107

受け入れテスト …………………………………………………… 111

結論 ………………………………………………………………… 121

目次

第8章 テスト戦略 123

QA は何も見つけてはいけない 124
テスト自動化ピラミッド 124
結論 128
参考文献 129

第9章 時間管理 131

会議 132
集中力のマナ 135
タイムボックスとトマト 138
回避 138
袋小路 139
沼・沼・沼 139
結論 140

第10章 見積もり 141

見積もりとは何か？ 143
PERT 146
作業を見積もる 148
大数の法則 151
結論 151
参考文献 151

第11章 プレッシャー 153

プレッシャーから逃れる 155
プレッシャーを乗り越える 156
結論 157

8

第12章 協力 ·············· 159

「プログラマ」対「ピープル」 ·············· 160
小脳 ·············· 165
結論 ·············· 165

第13章 チームとプロジェクト ·············· 167

混ぜる？ ·············· 167
結論 ·············· 170
参考文献 ·············· 170

第14章 指導・徒弟制度・職人気質 ·············· 171

学位の不全 ·············· 171
指導 ·············· 172
徒弟制度 ·············· 177
職人気質 ·············· 179
結論 ·············· 180

付録A ツール ·············· 181

ツール ·············· 183
ソースコード管理 ·············· 183
IDE やエディタ ·············· 187
課題管理 ·············· 189
継続的ビルド ·············· 190
ユニットテストツール ·············· 190
コンポーネントテストツール ·············· 191
インテグレーションテストツール ·············· 193
UML/MDA ·············· 193
結論 ·············· 195

索引 ·············· 197

まえがき

　本書を手に取ったということは、君はソフトウェアのプロなのだろう。素晴らしい。私もそうだ。まずは、私が本書を手に取った理由を教えよう。

　しばらく前のことだ。そう昔のことじゃない。さあ、幕を開けよう。ライト。カメラ。よろしく、チャーリー。

　数年前、政府の規制製品を販売する中規模の会社で働いていた。だいたいわかると思うが、3階建ての建物のなかでパーティションに区切られて座り、お偉いさんたちには個室があり、会議は同じ部屋に集まって1週間以上も続く。そんな感じの会社だ。

　政府が新しい製品を認可することになり、我々は激しい競争にさらされることになった。

　突如として新規の見込み客を手に入れたわけだ。我々の仕事は、彼らに製品を買ってもらうことである。これはつまり、第1の期日までに連邦政府に書類を提出して、第2の期日までに監査を通過して、第3の期日までに販売しなければいけないということだ。

　経営者は何度も期日の重要性を強調した。期日に間に合わなければ、1年間は政府に相手にしてもらえなくなる。顧客も他社に奪われてしまうだろう。そうなれば、会社のビジネスが立ち行かなくなる。

　誰からも不満が出るような状況だったが、なかには「プレッシャーがダイヤモンドを作る」と言う者もいた。

　私は、開発者から昇進した技術プロジェクトマネージャだった。私の任務は、稼動日までにウェブサイトを用意することだった。ウェブサイトには、見込み客がダウンロードできる情報と、こちらのほうが重要なのだが、申し込みフォームを用意することになった。私のパートナーは、ビジネス側のプロジェクトマネージャだ。ここではジョーと呼ぶことにしよう。ジョーの役割は、販売・マーケティング・非技術的要件をまとめることだ。彼は「プレッシャーがダイヤモンドを作る」のが好きな人だった。

　アメリカの会社で働いたことがあれば、責任追及や非難が日常的に行われていることを知っているだろう。我々の会社では、ジョーと私でこの問題に取り組んでいた。

　まるでバットマンとロビンのようだった。問題を抱えた技術チームを毎日助けに行った。スケジュールを作り直して、クリティカルパスを見つけ、あらゆる障害を排除した。必要なソフトウェアを調達した。ファイアウォールの設定が「大好き」なのに、「しまった。お昼休みになってしまった」というときには、代わりにお昼ごはんを買ってきてあげた。設定をしたいが、優先順位の都合で作業に取り掛かれないときは、ジョーと私が代わりに上司に掛けあってあげた。

11

それから、マネージャにも。

それから、役員にも。

そうやって、2人で仕事をした。

椅子を蹴ったり、怒鳴ったり、叫んだりした、と言ったら少し大げさだが、仕事を成し遂げるためにはあらゆる手段を使った。新たな手段を発明することもあった。もちろん、今でも誇りに思えるほど道徳的な手段だ。

私は自分のことをチームメンバだと思っていた。必要とあらば、SQLを書いた。ペアプログラミングでコードも書いた。ジョーも同じように考えていると思っていた。

だが、ジョーは違ったのだ。そのことを知った日は、私にとって悲しすぎる日となった。

それは、金曜日の午後1時のことだった。翌週の月曜日にウェブサイトを稼動することになっていた。

終わった。「完了」だ。システムができた。準備万端だ。技術チームに集まってもらって、最後の会議を開いた。あとはスイッチを押せばいい。技術チームだけでなく、マーケティングやプロダクトオーナーなども集まった。

我々は誇らしく感じた。素晴らしい瞬間だった。

そんなとき、ジョーが顔を出した。

そして、こんなことを言った。「悪い知らせだ。法務部が登録書類を確認していないそうだ。だから、まだシステムを稼動できない」。

別に大したことじゃない。これまでにもいろんなことに足を取られてきた。これもバットマンとロビンで片付ければいい。私の準備はできている。「了解。俺たちの仕事だ。法務部は3階だよな?」

何だか様子が変だ。

ジョーはこう聞き返してきた。「何を言ってるんだ?」

「何って、いつもやってるじゃないか。PDFファイルの問題なんだろ?　ファイルはあるんだから、法務部が承認すればいいだけの話だろ?　ちょっとにらんでやれば、それで**終わる**じゃないか!」

ジョーは、私に同意せず、こう答えた。「稼動は来週にすればいいよ。どうせ大したことじゃない」。

その後のやり取りは想像できるだろう。こんな感じだ。

私	「どうしたんだ?　数時間で終わるんだぞ」
ジョー	「それ以上かかるかもしれないじゃないか」
私	「でも、**週末がある**だろ。それなら時間は充分だ。さあ、やろうぜ!」

ジョー　「いいか、彼らはプロなんだ。こんな小さなプロジェクトのために彼らの生活を犠牲にしたくはない」

私　　　「（絶句）……じゃあ、俺たちが4か月間、技術チームにやってきたことは何だったんだ？」

ジョー　「わかってる。だけど、彼らはプロなんだ」

一時停止。

深呼吸。

今、ジョーは、何て、言った？

私は、技術チームのスタッフのことをプロだと思っていた。

だが、思い返してみると、本当にそう思っていたのだろうか。

バットマンとロビンを別の視点から見てみよう。私はチームに最高のパフォーマンスを求めていた。だが、ジョーはゲームをしていたんだと思う。技術スタッフのことをゲームの相手と考えていたのだ。考えてみて欲しい。走りまわったり、椅子を蹴ったり、圧力をかけたりする必要が本当にあったのだろうか？

いつ終わるのかを聞いて、その答えを信じればよかったのではないだろうか？

プロ相手ならばそうすべきだった。だが、我々にはできなかった。ジョーは、技術チームを信頼せずに、マイクロマネジメントをするのがいいと思っていた。一方で、法務部のことは信頼して、マイクロマネジメントをしようとはしなかった。

これはどういうことだろう？

法務部はプロであり、技術チームはプロではないということだろうか。

ベビーシッターは不要であり、ゲームをしているわけではないのだから、敬意を持って接して欲しいと誰かがジョーを説得したのだろうか。

いや、それは違う。壁に掛かった輝かしい証書や、法学部で学んだ社会的な振る舞いが関係あるとは思えない。

その日以来ずっと、技術者がプロとして扱われるにはどうすればいいかを考えてきた。

ブログを書き、読書をして、仕事を改善し、周りの人を助けるようにした。だが、全体像を見渡せる本は見つからなかった。

ある日、本書の草稿のレビューを頼まれた。今、君が手にしているその本だ。

本書は、プロがどのように振る舞うべきか、周囲の人たちとどのように付き合うべきかを段階的に教えてくれる。使い古された言い回しや机上の空論ではなく、今からできることをやり方も含めて教えてくれる。

実例を詳細に紹介しているところもある。

誰かが君を「ないがしろ」にした場合、どのように返事・反論・釈明・助言すればいいのだろうか。そのことを教えてくれる実例もある。

おい。ジョーが舞台上手から戻ってきたぞ。

登場人物は、ジョーと私。大規模なウェブサイトのプロジェクトに関わっている。

だが、今度は少しばかり違う。

技術スタッフはコミットメントを嫌がるのではなく、自ら進んでコミットメントするようになった。見積もりを嫌がったり、誰かに計画を立てさせたり（そして文句を言ったり）するのではなく、自己組織的にコミットメントするようになった。

本当の意味で一緒に仕事をしているのだ。プログラマが業務に行き詰まると、システム管理者が連絡を受けてすぐに対応してくれる。

チケット番号 14321 のことが気になっても、ジョーが仕事をせかす必要はなくなった。担当者の DBA が、ウェブの巡回などせずに、熱心に取り組んでくれるからだ。スタッフの見積もりは確実になり、昼食とメールチェックの中間あたりの優先度でプロジェクトに取り組んでいると思うようなこともなくなった。スケジュールを操作する裏技や誘惑もなくなった。「やってみます」ではなく、「約束します。確実に目標を達成できますよ。安心してください」と言われるようになった。

しばらくすれば、ジョーも技術チームのことをプロと考えてくれるようになるだろう。きっとわかってくれるはずだ。

技術者からプロになる方法はあるのだろうか？　詳しいことは本書に載っている。

ここが君たちの次に進むべき段階だ。きっと気に入るだろう。

マシュー・ホイス
ソフトウェアプロセス博物学者

訳者まえがき

　本書は、Robert C. Martin, *The Clean Coder: A Code of Conduct for Professional Programmers*, Upper Saddle River, NJ: Prentice Hall, 2011 の全訳である。著者であるロバート・C・マーチンは、「アジャイルソフトウェア開発宣言」に名前を連ねる 1 人であり、SOLID 原則の提唱者としても知られる人物である。また、「ボブおじさん」の愛称でも親しまれている。

　書名に含まれる「clean」の意味を手元にある MacBook の辞書で調べてみると、「清潔な」以外に「道徳的に汚れのない」や「技や動作が巧みな」といった意味が出てくる。つまり、「クリーンコーダー」とは、職業倫理や規律を守り自分の腕に磨きをかけるプログラマのことを指すわけだ（もちろん清潔なのも大切だよ！）。

　そのようなプログラマといえば、ポール・グレアムの「素晴らしきハッカー」やエリック・レイモンドの「ハッカーになろう」に登場するハッカーが思い浮かぶかもしれない。独自の文化や美学を持ち、自由と SF を愛し、怠惰で短気で傲慢なプログラマ。あるいは、『達人プログラマー』や『情熱プログラマー』を思い浮かべる人もいるだろう。アジャイルソフトウェア開発やテスト駆動開発に興味を持ち、顧客との協調を大切にして、テストのないソフトウェアはレガシーコードだ！　と言いのけるようなプログラマ。どちらも魅力的であり、どちらも目指すべきプログラマ像だ。

　だが、本書に登場するプログラマは少し違う。単一責任原則を無視したような 3,000 行の関数を書いている。テストを実行せずにシステムをリリースしている。データ構造やアルゴリズムのことをよくわかっていない。さらには、プロらしからぬ行動が原因で会社を解雇されている。

　そのプログラマとは、著者のことだ。

　これには驚いた。アジャイル開発やオブジェクト指向で有名なボブおじさんが、プログラマの職を解雇されていたなんて！　それと同時に安心もした。誰もが最初からうまくやれるわけじゃないのだ（自分だけじゃなかった！）。ボブおじさんの失敗を無駄にしてはいけない。SOLID 原則を守ろう。テストを実行しよう。データ構造やアルゴリズムを勉強しよう。それから、解雇されないようにしよう（そのヒントは本書にある！）。

　最後になるが、大谷和紀（@katzchang）さん・加藤達人（@stabacov）さん・杉野康弘（@suginoy）さん・鈴木則夫（@suzuki）さん・髙木正弘（@takagi）さん・寺嶋基之（@trmmy）さん・中島

訳者まえがき

滋（@ledsun）さん・永瀬美穂（@miholovesq）さん・山本剛（@t_yama27）さん・吉羽龍太郎（@ryuzee）さんに翻訳のレビューをしていただいた。おかげで読みやすいものになったと思う。もちろん、誤訳などの責任はすべて訳者にある。何か問題点があれば、ぜひ kdmsnr@gmail.com までご連絡いただきたい。

角 征典（@kdmsnr）
2011 年 12 月

序文

　1986年1月28日。東部標準時午前11:39。発射から73.124秒後。高度4万8,000フィート（14.6キロメートル）。スペースシャトルチャレンジャー号は、右側固体燃料補助ロケット（SRB：Solid Rocket Booster）の破損により機体が分解。高校教師クリスタ・マコーリフを含む7人の勇敢な宇宙飛行士の命が奪われた。上空14.6キロメートルでの娘の死を目にするマコーリフの母親の表情が今でも私は忘れられない。

　チャレンジャー号の機体の分解は、破損したSRBから高温燃焼ガスが漏出し、外部燃料タンクに拡散したことが原因だった。液体水素タンクの尾部が破損して燃料に引火し、上部の液体酸素タンクの方向に押し上げる力が働いた。同時に、SRBは尾部接続部から引き裂かれ、前部接続部を中心に回転し、タンク間構造体と衝突した。このような常軌を逸した力によって、機体全体が気流を受け、マッハ1.5超の速さで回転したのである。

　SRBの接続部には、ゴム製の二重のOリングがあった。燃焼ガスが漏出しないように、Oリングが縮んで密封する仕組みになっていた。

　発射前夜の発射台の気温は華氏17度（摂氏-8.3度）。これはOリングの稼働条件の下限値（華氏40度・摂氏4度）を23度下回るものであり、これまでの発射の最低気温を33度も下回るものであった。そのため、Oリングが硬直化し、高温ガスを遮断できなくなった。高温ガスが

17

急速にたまると SRB の発射口に圧力がかかり、外殻が膨張して O リングを緩めてしまう。その結果、O リングの硬直化で密閉性が確保できなくなり、高温ガスが漏出することになった。O リングは円弧の 70 度の範囲が蒸発した。

モートン＝サイオコール社で SRB を設計したエンジニアは、O リングに不具合があることを知り、7 年前にモートン＝サイオコール社と NASA に報告していた。大惨事には至らなかったが、以前の発射でも O リングは同様の破損を何度か受けていた。最も破損が大きかったのは、気温が最も低かったときである。エンジニアはこの問題に対応すべく設計をやり直したが、その実装は大きく遅れることになった。

エンジニアは、O リングの硬直化は気温の低下が原因であると推測していた。チャレンジャー号発射当日の気温はそれまでにないほど低く、O リングの稼働条件の下限値を下回っていた。つまり、エンジニアはリスクが高いことを**わかっていた**のである。エンジニアはその知見に基づいて行動を起こした。危険信号を知らせるメモを書き、サイオコール社と NASA の上層部に対して発射の中止を強く求めたのだ。会議が開かれたのは、発射のわずか数時間前のことだった。そこでエンジニアはできる限りのデータを示した。必死で訴えた。だが、上層部はそれを無視した。

発射の時間がやってきた。爆発のことを懸念して、テレビ放送を見ないエンジニアもいた。チャレンジャー号は優雅に空へと向かっていった。安心した。無事にマッハ 1 で進んでいる。1 人がこう言った。「緊急事態だ」。

エンジニアの必死の抗議やメモや要求にもかかわらず、上層部は自分たちのほうが物事を理解していると信じていた。エンジニアは大げさなことを言っていると考えていたのだ。エンジニアのデータや結論を信頼していなかった。金銭的・政治的な圧力に負けて発射を決定した。すべてがうまくいくと**望んでいた**。

上層部はバカなだけではない。犯罪者だ。優秀な 7 人の男女の命と宇宙旅行を夢見る世代の希望を寒い朝に打ち砕いたのだ。専門家よりも自分たちの懸念・希望・直感が優れていると思ったのが原因だ。決定する権利がないことに対して意思決定をした。それを**熟知する**人たちの権利を侵害した。熟知する人たちとは、エンジニアのことだ。

エンジニアには問題はないのだろうか？　彼らはやるべきことを実行に移していた。上層部に情報を提供し、懸命に闘っていた。適切なチャンネルを使い、正しい手続きを踏んでいた。システムの**なか**で、彼らにできる限りのことをやっていた。だが、上層部はそれを踏みつぶした。こう考えると、エンジニアには責任がないように思える。

だが、私はときどきこう思うのだ。夜中に目が覚めて、クリスタ・マコーリフの母親の姿を思い出し、ダン・ラザー[1]と話をしたいエンジニアがいるのではないかと。

1　訳注：アメリカの有名なニュースキャスター。

序文

本書について

　本書は、ソフトウェアのプロ意識について書かれたものだ。以下のような質問に対する実践的なアドバイスが含まれている。

- ソフトウェアのプロとは何か？
- プロの行動とはどのようなものか？
- プロは衝突・厳しいスケジュール・理不尽なマネージャにどのように対応すべきか？
- いつ・どのようなときにプロは「ノー」と言うべきか？
- プロはプレッシャーにどのように対応するのか？

　ここには、困難を切り抜ける態度が隠されている。それは、公正・誠実・自尊・誇りの態度だ。それは、職人やエンジニアの責任を受け入れることだ。責任とは、清く正しく働くということだ。コミュニケーションをうまくとるということだ。見積もりを確実にするということだ。時間を管理するということだ。リスクと見返りの見極めが困難な状況に立ち向かうということだ。

　責任はもう1つある。とても恐ろしい責任だ。それは、エンジニアとして、マネージャが知らないシステムやプロジェクトの深い知識を持つということだ。知識を持てば、行動する責任が伴う。

参考書

［McConnell87］　　　Malcolm McConnell, *Challenger* '*A Major Malfunction*', New York, NY: Simon & Schuster, 1987

［Wiki-Challenger］　　"Space Shuttle Challenger disaster," `http://en.wikipedia.org/wiki` `/Space_Shuttle_Challenger_disaster`

謝辞

私のキャリアは協力と計画の連続だった。これまでにさまざまな夢や野望があったが、常にそれらを共有できる人を探してきた。シス卿[2]と似ているのかもしれない。「常に2人1組」なのだ。

はじめてプロと協力したのは13歳のときである。相手はジョン・マルケーゼ。2人で一緒にコンピュータを作ることにした。私が脳で、彼が腕だ。私がハンダ付けの位置を教え、彼がハンダ付けをした。私がリレーのマウント位置を教え、彼がリレーをマウントした。とても楽しかった。何時間も費やした。最終的には、リレー・ボタン・ライトのついたカッコいいものができた。なんとテレタイプまでついているのだ！ もちろん、動くわけではない。だけど、なかなかカッコよかったし、2人は一生懸命に作った。ジョンへ。ありがとう！

高校1年のときには、ドイツ語の授業でティム・コンラッドに会った。ティムは**頭がよかった**。2人で一緒にコンピュータを作ったときは、彼が脳で、私が腕だった。彼は私に電子工学を教えてくれた。そして、PDP-8を紹介してくれた。2人で基本的な部品から18ビットの電子計算機を作った。それは、加算・減算・乗算・除算をするものだった。1年間のすべての週末と春休み・夏休み・冬休みを費やした。私は熱狂していた。最終的にとてもうまく動いた。ティムへ。ありがとう！

ティムと私はコンピュータのプログラミングを学んだ。1968年には簡単なことではなかったが、どうにかやり遂げることができた。PDP-8のアセンブラ・FORTRAN・COBOL・PL/Iなどの本を手に入れて貪り読んだ。そして、実行できないプログラムを書いた。コンピュータが手に入らなかったからだ。それでも、純粋な愛のためにプログラムを書いた。

高校2年になると、コンピュータサイエンスのカリキュラムが始まった。ASR-33テレタイプが110ボーのダイアルアップモデムに接続されていた。イリノイ工科大学にあるUNIVAC 1108タイムシェアリングシステムのアカウントもあった。ティムと私は、すぐにそのマシンの事実上のオペレータになった。他の誰も近づくことができなかったからだ。

モデムを接続するには、受話器を取り上げてダイアルを回す必要があった。モデム音が聞こえたらテレタイプにある「orig」ボタンを押して、テレタイプのモデム音を発信する。あとは受話器を置けば、データ接続が成功した。

電話のダイアルにはロックがかかっていた。解除キーは先生だけが知っていた。だが、そん

2 　訳注：映画「スター・ウォーズ」において、ダークサイドのフォースを持つ者たちのこと。常に師匠と弟子の2人で行動している。

なことは問題ではなかった。スイッチフックに電話番号をタップすれば、どこにでもかけられることを知っていたからだ。私はドラマーだったので、タイミングと反射神経はバッチリだった。ロックされたモデムが、10秒もしないうちにダイアルできるようになった。

コンピュータ室には2台のテレタイプがあった。1台はオンラインマシンで、もう1台はオフラインマシンだ。どちらも生徒がプログラムを書くのに使っていた。生徒はテレタイプでせん孔テープにプログラムを入力した。キーボードをたたいてテープに穴をあけるのだ。プログラミング言語は、IITRANと呼ばれる強力なインタプリタ言語だった。プログラミングが終わった生徒は、テープをテレタイプの近くにあるバスケットに入れることになっていた。

学校が終わると、ティムと私はコンピュータをダイアルアップ接続した（もちろんタップして）。テープをIITRANのバッチシステムに読み込んで受話器を置いた。1秒間に10文字だから、それほど速い処理ではない。1時間後に電話をかけ直して、プリントアウトを手に入れた。ここも1秒間に10文字だ。テレタイプから排出されるリストは生徒別になっていなかったので、2人でハサミを使って切り離し、ペーパークリップで入力テープと一緒にしてバスケットに入れた。

ティムと私はこの作業の達人だった。我々がコンピュータ室にいるときは先生たちも放っておいてくれた。仕事を代わりにやってあげていたわけだし、先生たちもそのことをわかってくれていた。やれと言われたわけではない。できるかどうかも聞かれなかった。電話の解除キーも教えてくれなかった。2人で部屋に出入りするだけだった。本当に自由にやらせてもらった。数学のマクデルミット先生・フォーゲル先生・ロビー先生へ。ありがとうございます！

生徒たちの宿題が終わったら、2人でコンピュータで遊んだ。奇妙なプログラムを次々と書いた。ASCII文字でテレタイプに円や放物線を描くプログラムを書いた。ランダムウォークプログラムやランダムに文字を生成するプログラムを書いた。50の階乗を計算した。何時間もプログラムを作っては動かした。

2年後、ティムと私と共通の親友であるリチャード・ロイドの3人は、イリノイ州レークブラフにあるASC Tabulating社でプログラマになった。ティムと私は当時18歳だった。我々は大学に行くのは時間の無駄であり、すぐにキャリアを開始すべきだと思っていた。ビル・ホーリ、フランク・ライダー、ビッグ・ジム・カーリン、ジョン・ミラーたちと出会ったのはこのときだ。彼らは、最年少の我々にプロのプログラマがどんなものかを学ぶ機会を与えてくれた。ここでの経験は、よいこともあり、悪いこともあった。まさに学びの場だった。その場にいたみなさんとリチャードに。どうもありがとう。

20歳で仕事を解雇されて落ち込んでいたときは、義理の兄弟の下で芝刈り機の修理工として働いた。私は修理がひどく下手だったので、そこも解雇されてしまった。ありがとう、ウェス！

約1年後に、Outboard Marine Corporation社で働くことになった。この頃には結婚して子どももいた。ここでも解雇された。ありがとう、ジョン、ラルフ、トム！

それから Teradyne 社で働くことになった。ここで、ラス・アシュダウン、ケン・ファインダー、ボブ・コピソーン、チャック・スチュデー、CK・スリスラン（クリス・アイヤル）に出会った。ケンは私の上司だ。チャックと CK は親友だ。みんなから多くのことを学んだ。ありがとう、みんな！

マイク・カルーもそこにいた。彼と私は強力なペアになった。いくつかのシステムを一緒に作った。仕事を早く終わらせたかったら、ボブとマイクに頼めと言われたほどだ。彼と一緒に仕事をするのはとても楽しかった。ありがとう、マイク！

ジェリー・フィッツパトリックも Teradyne 社の同僚だ。ダンジョンズ＆ドラゴンズで遊んでいるときに出会ってからすぐに仲よくなった。ダンジョンズ＆ドラゴンズのユーザをサポートするソフトウェアを Commodore 64 で一緒に書いた。我々は Teradyne 社で「The Electronic Receptionist（電子受付）」と呼ばれる新しいプロジェクトを開始した。それから数年間一緒に働いた。そして、今でも親友だ。ありがとう、ジェリー！

Teradyne 社で働いているときはイギリスで 1 年間過ごした。そこでマイク・ケルゴゾウとチームになった。2 人で一緒にあらゆることを計画した。そのほとんどは自転車とパブの計画だったけど。彼は品質と規律にうるさい熱心なプログラマだった（本人は否定するかもしれないが）。ありがとう、マイク！

1987 年にイギリスから戻り、ジム・ニューカークと計画を始めた。2 人とも Teradyne 社を（数か月違いで）辞めて、Clear Communications 社というスタートアップ企業に入社した。そこでは数年間、100 万ドルを夢見て無我夢中で働いた。ただし、自分たちの計画は続けていた。ありがとう、ジム！

最終的に我々は、Object Mentor 社を創業した。ジムは、私が一緒に働いたなかで最も率直で規律に厳しく集中力のある人だ。彼は私にいろんなことを教えてくれた。多すぎてここに挙げることはできない。その代わり、本書を彼にささげることにする。

他にも多くの人たちと一緒にビジネスを計画した。多くの人たちと一緒に協力した。多くの人たちが、私のプロとしての生き方に影響を与えてくれた。ローウェル・リンドストロム、デイヴ・トーマス、マイケル・フェザー、ボブ・コス、ブレット・シュハルト、ディーン・ワンパー、パスカル・ロイ、ジェフ・ラングル、ジェイムス・グレニング、ブライアン・バットン、アラン・フランシスマイク・ヒル、エリック・ミード、ロン・ジェフリーズ、ケント・ベック、マーチン・ファウラー、グラディ・ブーチ。ここに書き切れない。ありがとう、みんな！

人生の最高の協力者は、愛する妻アン・マリーだ。2 人が結婚したのは、私が 20 歳で、彼女が 18 歳と 3 日のときだった。それから 38 年間、彼女は私の変わらぬパートナーだ。私の帆でありカジだ。私の恋人であり人生だ。彼女と過ごすこれからの 40 年を楽しみにしている。

そして今、私の協力者であり、一緒に計画を立ててくれる仲間は、子どもたちだ。今は長女のアンジェラと仕事をしている。彼女は、私の愛すべき世話係であり、勇敢なアシスタントで

ある。いつも私を正してくれる。日付や約束を忘れさせてくれない。息子のミカとはビジネス計画を作っている。彼は 8thlight.com の創業者だ。彼のビジネス感覚は私よりもずっと優れている。新しく立ち上げた cleancoders.com は非常に刺激的だ！

次男のジャスティンは、8th Light 社でミカと一緒に働きだした。次女のジーナは、Honeywell 社で働く化学エンジニアだ。この 2 人とも真面目な計画が始まっている！

自分の子どもたちほど人生で多くのことを教えてくれる存在はいない。ありがとう、子どもたち！

著者について

ロバート・C・マーチン（ボブおじさん）は1970年からプログラマである。プロジェクトを成功に導く熟練のソフトウェア開発者とマネージャの集団である国際的企業 Object Mentor, Inc. の創業者であり代表である。Object Mentor 社は、大企業向けのプロセス改善コンサルティング・オブジェクト指向ソフトウェア設計のコンサルティングとトレーニング・能力開発サービスを世界に展開している。

マーチンは、業界誌に数多くの記事を書いている。国際的なカンファレンスや展示会では常連の講演者でもある。

以下のような多くの書籍を執筆・編集している。

- *Designing Object Oriented C++ Applications Using the Booch Method*
- *Patterns Languages of Program Design 3*
- *More C++ Gems*
- *Extreme Programming in Practice*（『XP エクストリーム・プログラミング実践記 – 開発現場からのレポート』）
- *Agile Software Development: Principles, Patterns, and Practices*（『アジャイルソフトウェア開発の奥義』）
- *UML for Java Programmers*（『Java プログラマのための UML』）
- *Clean Code*（『Clean Code アジャイルソフトウェア達人の技』）

ソフトウェア開発業界のリーダーであるマーチンは、『*C++ Report*』の編集長を3年務めた。Agile Alliance の初代議長でもある。

Uncle Bob Consulting, LLC の創業者でもある。また、息子でもあるミカ・マーチンと The Clean Coders LLC を共同で創業している。

表紙について

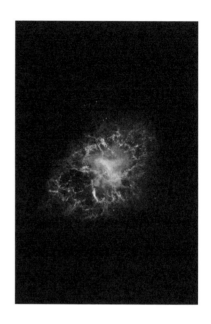

　表紙の美しい画像はサウロンの目[3]のようだ。これはカニ星雲（M1）である。M1 は、おうし座に位置している。おうしの右角の先端にあるゼータ星のすぐそばだ。カニ星雲は、1054 年の縁起のよい 7 月 4 日に、本体が空一面に爆発した超新星の残骸である。6,500 光年離れた中国の観測者は、その爆発を新星と考えたそうだ。その輝きは木星とほぼ同じ明るさだったと言う[4]。**昼間でも見えたのだ！** そして、6 か月かけて少しずつ肉眼では見えなくなっていった。

　表紙の画像は可視光線と X 線を合成したものだ。ハッブル宇宙望遠鏡で撮影されたものが外側の部分。内部のアーチェリーの的のような青いものが、チャンドラ X 線観測衛星の望遠鏡で撮影されたものである。

　この画像は、チリとガスと超新星爆発の重元素が混ざった星雲が、急速に膨張している様子を描いたものだ。この星雲は、直径 11 光年。質量は太陽の 4.5 倍。秒速 1,500 キロメートルで膨張している。爆発による運動エネルギーはすさまじいものである。

　的の中央に青い点がある。これが**パルサー**だ。パルサーは超新星爆発で作られたものだ。星の内部にあった太陽の質量と同程度の質量を持つ物質が重力崩壊して、直径約 30 キロメートルの中性子星となった。ここで生じた運動エネルギーは、中性子と同時に作られた膨大な数のニュートリノと一緒になり、星を引き裂き、吹き飛ばしたのだ。

3　訳注：トールキンの『指輪物語』などの作品に登場する人物。映画「ロード・オブ・ザ・リング」参照。
4　訳注：藤原定家『明月記』にも書かれている。

パルサーは秒速約 30 回転しており、回転のたびに光を放っている。その光は望遠鏡で見ることができる。光がパルス（点滅）することからパルサーと呼ばれている。これは、パルセーティングスター（点滅する星）の略である。

必読イントロダクション 序章

（本章を飛ばしてはいけない。これから必要になるものだ）

　本書を手に取ったということは、君はコンピュータプログラマであり、プロ意識に関心を持っているのだろう。いや、関心を持っていなければいけない。我々の職業にはプロ意識が必要とされているのだ。

　私もプログラマである。プログラマ歴は 42 年だ[1]。**ちょっと言わせてもらうと**、その間にあらゆることを経験してきた。解雇されたこともある。褒められたこともある。チームリーダーもやった。マネージャもやった。下っ端から CEO まで経験した。天才プログラマと一緒に仕事をしたこともある。のろまなナメクジ[2]と仕事をしたこともある。最先端の組み込みシステムを作ったこともある。企業の給与システムを作ったこともある。COBOL・FORTRAN・BAL・PDP-8・PDP-11・C・C++・Java・Ruby・Smalltalk といったさまざまな言語やシステムでプログラミングをした経験もある。信用ならない給料泥棒と一緒に仕事をしたこともあれば、本当に優秀なプロと仕事をしたこともある。本書で取り上げるのは、この最後の部分だ。

　本書では、プロのプログラマとは何かを定義したいと思っている。私がプロに欠かせないと思う態度・規律・行動について説明していきたい。

　プロの態度・規律・行動のことが、なぜ私にわかるのだろうか？　それは、苦労して学んで

1　驚かないでもらいたい。
2　出自不明の専門用語。

きたからだ。はじめてプログラマの職についたとき、私はプロという言葉から最も遠い存在
だった。

1969 年のことだ。当時 17 歳。ASC 社という地元の企業でプログラマのアルバイトをするこ
とになった。それは父の口利きだった（父はそんなことができたのだ。以前、走っている車を
「とまれ！」と手を上げて止めていたのを見たことがある。誰も父に「ノー」と言えなかったの
だ）。IBM のコンピュータのマニュアルがすべてそろった部屋で働くことになった。マニュア
ルに日付を記録する単純な仕事だ。「本ページは意図的に空白にしています」という文章をはじ
めて目にしたのもこのときだ。

数日後、上司から Easycoder[3]の簡単なプログラムを頼まれた。ものすごく興奮した。本物の
コンピュータを使ってプログラムを書いたことがなかったからだ。Autocoder の本は読んでい
たが、どこから手をつけていいのかわからなかった。

頼まれたのは、テープからレコードを読み込んで、新しい ID を振り直すという簡単なプログ
ラムだった。新しい ID は 1 から始めて 1 ずつ増やしていき、ID を振り直したレコードは新し
いテープに書き込むのだ。

赤と青のパンチカードが大量に置いてある棚を上司が見せてくれた。まるで 50 セットのト
ランプだ。赤が 25 セットに青が 25 セット。それが交互に積み重なると、まさにこんな感じに
なる。パンチカードは 200 枚ずつ赤と青のしま模様になっていた。そこにはプログラマが使う
サブルーチンのソースコードが含まれていた。カードの色を確認して上から順番にデッキを取
り、自分のプログラムデッキの最後に追加して使うのだ。

プログラムはコーディング用紙に書いた。コーディング用紙とは、80 桁 25 行の大きな長方
形の用紙だ。1 行が 1 枚のカードに相当する。HB の鉛筆を使って、ブロック体の大文字でプロ
グラムを書かなければいけない。各行の最後の 6 桁にはシーケンス番号を振っておく。通常は
番号を 10 刻みにする。あとからその間にカードを挿入するかもしれないからだ。

プログラムが終わったので、コーディング用紙をキーパンチャーに届けた。この会社では、
大きな書類受けに入ったコーディング用紙を何十人もの女性がキーパンチ機に「タイプ」して
いた。キーパンチ機とは、タイプライターのようなものである。紙に文字を印刷するのではな
く、カードに穴を開けるのだ。

翌日にはキーパンチャーからプログラムが社内便で届けられた。パンチカードの束がコーディ
ング用紙に包まれてゴムバンドでとめられていた。カードをよく調べてキーパンチに間違いが
ないかを確認した。間違いはなさそうだ。サブルーチンのライブラリデッキをプログラムデッ
キの後ろに追加して、コンピュータオペレータのいる 2 階に届けた。

コンピュータは鍵のかかったドアの先にあった。床はケーブルを収納するために底上げされ

---

3 Easycoder は Honeywell H200 のアセンブラだ。これは IBM 1401 の Autocoder とよく似ていた。

ていた。ドアをノックすると、オペレータが厳しい顔つきで私のデッキを受け取り、コンピュータ室の書類受けに入れた。順番が回ってくると、私のデッキが実行された。

翌日、デッキが戻ってきた。実行結果のリストに包まれ、ゴムバンドでとめられていた（その頃は**大量に**ゴムバンドを使っていたのだ！）。

リストを開いて見ると、コンパイルが失敗していた。エラーメッセージが難しすぎて理解できなかったので、上司に見せることにした。すると上司は、リストを眺めて小声でつぶやくと、サッとメモを書いて、私のデッキを手に取り、一緒についてくるように言った。

上司はキーパンチの部屋に入り、空席のキーパンチ機の前に座った。そして、間違いを 1 つずつ修正して、カードを 1～2 枚ほど追加した。何をしているかを説明してくれたが、すべてがあっという間に終わってしまった。

上司は新しいデッキを持ってコンピュータ室のドアをノックした。オペレータに魔法の言葉をかけると、コンピュータ室に歩いて入っていった。私にも付いてくるように合図した。オペレータがテープ装置をセットしてデッキを読み込んだ。我々はその様子を見ていた。テープが回りだした。プリンタがカタカタと音を立てた。終わった。プログラムが動いた。

翌日、上司は私に感謝の言葉をかけてくれた。そして、雇用が打ち切られた。ASC 社には 17 歳の若造を教育する余裕がなかったということだろう。

だが、ASC 社とのつながりはそれで終わりではなかった。数か月後、フルタイムのアルバイトとして、オフラインプリンタのオペレータをすることになった。このプリンタは、テープに保存された印刷イメージからジャンクメールを印刷するものだった。私の仕事は、プリンタに用紙をセットしたり、磁気テープ装置にテープを入れたり、紙づまりを直したりすることだった。何も異常がなければ、プリンタをただ見守るだけだった。

それは 1970 年のことだった。大学進学は私の選択肢にはなかった。大学に魅力を感じなかったのだ。ベトナム戦争が続いていて、大学は混乱に満ちていた。私は、COBOL・FORTRAN・PL/1・PDP-8・IBM 360 アセンブラに関する本を読み続けた。大学に行かなくても独学で学び、プログラミングの仕事に就きたいと思っていたからだ。

12 か月後に目標を達成した。ASC 社でフルタイムのプログラマに昇格したのだ。私と 2 人の友達（リチャードとティム）は 19 歳だった。その他 3 人のプログラマとチームになって、全米トラック運転手組合（チームスター）のリアルタイム会計システムを作った。マシンは Varian 620i だった。16 ビットでレジスタの数は 2 個だが、PDP-8 のアーキテクチャによく似たシンプルなミニコンピュータだった。言語はアセンブラだ。

我々はシステムのすべてのコードを書いた。**すべて**の行だ。オペレーティングシステム・割り込みヘッド・I/O ドライバ・ディスクの**ファイルシステム**・オーバーレイスワッパー・リロケータブルリンカー。もちろんアプリケーションのコードもだ。地獄の締め切りに間に合わせるように、8 か月間ずっと週 70～80 時間労働で作り上げた。私の年収は 7,200 ドルだった。

31

我々はシステムを納品した。そして、会社を辞めた。

突然辞めたのだ。会社を恨んでいた。仕事が終わってシステムを納品できたのに、給料は2%しか上がらなかった。だまされた上に使い捨てられた気分だった。おとなしく転職していく連中もいた。

だが、私はそれとは違う残念な方法を選んだ。友人と一緒に上司のオフィスに乗り込み、怒鳴り散らしてから辞めたのだ。感情的にはそれで満足した。少なくとも、その日だけは。

翌日、自分に仕事がないことに気づいた。19歳。無職。学歴なし。プログラマの面接を受けてみたが、どれもうまくいかなかった。義理の兄弟が営む芝刈り機修理店で4か月ほど働いたが、あいにく私には芝刈り機修理人としての腕はなかった。結局、そこも辞めることになった。最悪の状況だ。

毎晩3時まで起きて、ピザを食べながら、親の古い白黒テレビで古いモンスター映画ばかり見ていた。映画の登場人物といえば幽霊だけだった。朝は午後1時までベッドにいた。絶望的な人生に目を向けたくなかったのだ。地元のコミュニティカレッジで微分積分の授業を受けたが、落第した。私はダメ人間だった。

母親から呼び出されて、人生がめちゃくちゃだと言われた。新しい仕事がないのに友達と一緒に感情的になって仕事を辞めるのは、バカのやることだと言われた。仕事を辞めるときは、新しい仕事を見つけてから、落ち着いて、冷静に、1人で辞めるべきだと言われた。そして、上司に電話して仕事に復帰させてもらうようにお願いしろと言われた。母は「自分の誤りを認めることも必要よ」と言った。

19歳の少年というのは、自分の誤りを認めたくないものだ。私もそうだった。しかし、そうせざるを得ない状況になってしまっていた。結局、上司に電話して自分の誤りを認めることになった。上司は、年収6,800ドルで再雇用を提示してくれた。私は喜んでそれを受け入れた。

そこでは18か月間働いた。自分の言葉に気をつけ、可能な限り役に立つ従業員になろうと努力した。すると、昇進や昇給という形で見返りを受けた。人生は順調。会社を辞めるときには、友好的な関係のまま、よりよい仕事の申し出まで受けることができた。

そこから私がプロになったと思うかもしれないが、とんでもない。これは最初の教訓にすぎない。その後、重要な予定を無視して解雇されたこともあれば、極秘情報を顧客に漏らして危うく解雇されそうになったこともある。助けが必要だと知りながら助けを求めずに、リーダーとしてプロジェクトを失墜させてしまったこともある。顧客の要望とかけ離れているのに、自分の技術的判断を積極的に擁護したこともある。無能な人を採用して、雇用主に莫大な金銭的負担をかけてしまったこともある。なかでも最悪だったのは、私がリードできないという理由で、2人ほど解雇してしまったことだ。

本書は、私の間違いの一覧であり、これまでの悪事の記録であり、私と同じ道を歩まないための指針であると考えていただきたい。

第1章 プロ意識

「笑え、笑え。カーティン。神様か自然が仕掛けた、とてつもない冗談だ。ユーモアのセンスがあるな！ ハハハ！」
——ハワード（映画「黄金」より）

君はプロのソフトウェア開発者になりたいんだろう？ 堂々と世界に向かって「**俺はプロだ！**」と高らかに宣言したいはずだ。みんなが君を尊敬のまなざしで一目置いて見てくれる。お母様方が「あの人のようになりなさいね」と子どもたちに言い聞かせる。こんな感じになりたいんだろう？ そうだろう？

プロになる前に注意したいこと

「プロ意識」にはさまざまな意味がある。名誉と誇りのあかしであり、義務と責任のあかしでもある。両者は表裏一体だ。名誉と誇りを受け取れば、そこには必ず責任が伴う。

第 1 章　プロ意識

プロにならないのは簡単だ。自分の仕事に責任を持たなければいい。すべて上司にお任せだ。ミスをしたら上司が後始末をしてくれる。だが、プロは**自分**で後始末をする。

モジュールにバグが潜り込んで、会社が 1 万ドルの損失を被ったらどうするだろうか？　プロでないならば、肩をすくめて「こんなこともあるさ」と言って、次のモジュールを書き始める。プロならば、会社に 1 万ドルの小切手を切る[1]。

会社ではなく自分のお金の話ならば、また少し違った気持ちになるかもしれない。だが、プロはこの「少し違った気持ち」を常に抱いている。この気持ちが、プロ意識の本質である。プロ意識というのは、自分で責任を取ることに他ならない。

責任を取る

「必読イントロダクション」は読んだよね？　読んでないなら今すぐ戻って読んで欲しい。本書の背景のすべてがそこに書かれている。

私が責任を取ることを学んだのは、責任を取らなかったことで苦い経験をしたからだ。

私は、1979 年に Teradyne 社という会社で働いていた。電話回線の品質を計測するミニコンピュータとマイクロコンピュータベースのシステムがあり、私はそのシステムを制御するソフトウェアの「エンジニア責任者」だった。中央のミニコンピュータが、300 ボーの専用線やダイアルアップ回線で計測機器を制御する数十台の衛星マイクロコンピュータと接続されていた。コードはすべてアセンブラで書かれていた。

顧客は大手電話会社のサービスエリアマネージャだった。サービスエリアマネージャとは、10 万以上の電話回線に責任を持つ人たちのことだ。サービスエリアマネージャがこのシステムを使って、顧客が気づく前に回線の不具合や問題を発見・修理するのである。これで公共事業委員会が調査する顧客不満足度の数値を低下させるのだ。電話会社の課金料金は、この調査の結果に基づいて調整されていた。つまり、このシステムは非常に重要だったということだ。

システムは毎日「夜間ルーティン」で実行されていた。中央コンピュータから衛星マイクロコンピュータに電話回線をすべてテストしろと伝えるのだ。朝になると中央コンピュータが不具合のある回線とその状況の一覧を取得する。サービスエリアマネージャは、顧客から不満が出る前に、このレポートを使って修理工のスケジュールを組むのである。

新しいリリースを顧客数十社に出荷したときの話をしよう。まさしく「出荷」という言葉がふさわしい。ソフトウェアをテープに書き込んで、顧客に送り届けるからだ。顧客がそのテープを読み込んでシステムを再起動するのだ。

1　職業賠償責任保険に入っておくといいね！

新しいリリースには、細かな不具合の修正と、顧客が要求した新機能が追加されていた。顧客には期日までに新機能を提供すると伝えてあり、その日に間に合うように何とかテープを届けたのだ。

2日後、営業マネージャのトムから電話がかかってきた。「夜間ルーティン」が完了せず、レポートが出力されないという苦情が顧客から寄せられているそうだ。これはマズい。ソフトウェアを納期に間に合わせようとして、テストを怠ったのだ。大半の機能はテストしていたが、ルーティン部分のテストは時間がかかるし、何より出荷を急がなければいけなかったからだ。その部分にはバグの修正がなかったので、すっかり安心しきっていた。

夜間のレポートを失うというのは**大問題**だった。修理工の作業が白紙になるので、あとからオーバーブッキングが発生するかもしれない。不具合に気づいた顧客は苦情を言ってくるだろう。夜間のデータを失うというのは、トムを電話で厳しく非難するほどの事態なのだ。

開発室のシステムを起動して、最新のソフトウェアを読み込み、ルーティンを実行してみることにした。すると、数時間たってから、アボートした。失敗したのだ。出荷前にテストを実行しておけば、サービスエリアのデータは失われることはなく、サービスエリアマネージャはトムに苦情を言うこともなかったのだ。

トムに電話をして、問題が再現できたことを伝えた。どうやら他の顧客からも同様の苦情が来ているらしい。トムは、いつまでに修正できるかと聞いてきた。私は、わからない、今やっているところだ、と答えた。そして、顧客のソフトウェアを元のバージョンに戻したほうがいい、と伝えた。すると彼は怒って、夜間のデータを失った上に、約束した新機能も使えなくなるなんて、顧客は二重の損害じゃないか、と言った。

バグの発見は難しく、テストには何時間もかかった。最初の修正はうまくいかなかった。2回目もダメだった。何度も試行錯誤を繰り返し、数日後に欠陥の場所を突き止めた。その間、トムは数時間おきに電話をかけてきて、いつ修正が終わるのかと聞いてきた。そして、サービスエリアマネージャから何度も苦情が来ているのを知っているのか、顧客にソフトウェアを元のバージョンに戻すように伝えるのがどれだけ気まずいことかわかっているのか、と言ってきた。

欠陥を発見し、新しいテープを出荷した。すべてが正常に戻った。トムは、私の上司ではないのだが、ホッとしているようだった。これで終わりだ。すると、上司がやってきて、「このようなことは二度と起こさないように」と言った。私もそう願った。

ふりかえって考えてみると、ルーティンをテストせずに出荷したのは無責任だったと思う。テストを怠ったのは納期に間に合わせるためだった。自分のメンツを保つためだった。顧客のことを考えていなかった。雇用主のことも考えていなかった。自分の評判だけを考えていた。テストが完了していないので、納期までにソフトウェアを用意できない、と責任を持ってトムに伝えるべきだった。もしかすると難しいことだったかもしれない。トムも困っただろう。だが、きちんと伝えておけば、顧客はデータを失わず、サービスエリアマネージャも苦情の電話

をかけることはなかったのだ。

第一に危害を加えてはいけない

それでは、どうすれば責任を取ることができるのだろうか？　いくつかの原則がある。ここで「ヒポクラテスの誓い[2]」を引き合いに出そう。少し大げさかもしれないが、他に適切なものがあるだろうか？　プロを目指す人にとって、最初の責任や**目標**となるのは、その力を善きことに使うことではないだろうか？

ソフトウェア開発者の場合、どのような危害を加える可能性があるだろうか？　純粋にソフトウェアの話であれば、ソフトウェアの機能や構造に危害を加える可能性がある。これからそれらを防ぐ方法を説明しよう。

機能に危害を加えてはいけない

我々はソフトウェアを動作させたいと思っている。我々がプログラマなのは、これまでにソフトウェアを動作させたことがあり、これからも同じ感覚を味わいたいと思っているからだ。ソフトウェアを動作させたいと思っているのは、我々だけではない。顧客や雇用主もそう思っている。彼らは我々に報酬を支払って、欲しいソフトウェアを作ってもらっているのだ。

バグを出したらソフトウェアに危害を加えたことになる。つまり、プロであればバグを出してはいけないということだ。

「ちょっと待て！　そんなのは無理だ。ソフトウェアは複雑なんだから、バグのないものなんかできないぞ」。おそらくこんなことを言うだろう。

もちろん、君は正しい。バグのないものができないほどソフトウェアは複雑なもの**である**。しかし、だからといって、君の責任がなくなるわけじゃない。人間の身体はすべてを理解できないほど複雑なものだが、それでも医者は危害を加えないと誓っている。医者が**そのように**責任を取るのであれば、我々には何ができるだろうか？

「それは完ぺき人間になれってこと？」　そんな反対意見が聞こえるね。

でも、そうじゃない。たとえ完ぺきじゃなくても、責任は取らなきゃいけないと言っているんだ。バグのないソフトウェアを作るのが難しいからといって、君に責任がないわけじゃない。完ぺきなソフトウェアを書くのが事実上不可能だからといって、君に責任がないわけじゃない。

間違いが避けられないとしても、それでも責任を取るのがプロだ。したがって、プロ意識を

2　訳注：医師の倫理や任務に関する宣誓文。

高めるために最初に心がけるべきことは、謝罪だ。ただし、謝罪をすればいいわけではない。同じ間違いを何度も繰り返してはいけない。プロの道を究めていけば、間違いの割合は限りなくゼロに近づいていく。決してゼロになることはないが、ゼロに近づける責任があるのだ。

QAは何も見つけてはいけない

したがって、ソフトウェアをリリースするときには、QA に問題を見つけてもらってはいけない。不具合がありそうなコードをわざと QA に渡すようでは、プロの風上にも置けない。では、不具合がありそうなコードとは何だろうか？　それは、詳細が**わからない**コードだ！

QA をバグの発見器として使う人もいる。充分なチェックをしていないコードを QA に渡して、バグレポートを送り返してもらおうと思っているのだ。発見したバグの数に応じて QA の報酬が決まる会社もあるそうだ。バグの数が多ければ、それだけ報酬も多くなるというわけだ。

会社やソフトウェアに危害を加える行為をしてはいけない。スケジュールを破綻させ、会社の信用を損なうような行為をしてはいけない。わざと手を抜くような無責任な行為をしてはいけない。挙動がわからないコードを QA に渡すのはプロではない。それは「危害を加えてはいけない」ルールに違反する。

それでも QA はバグを発見するだろうか？　おそらく発見するだろう。あらかじめ謝罪の準備をしておこう。そして、バグがすり抜けてしまった原因と再発防止策を考えよう。

QA が（最悪なのは**ユーザ**が）問題を発見した場合には、思いもかけないことだと驚き、心の底から悔しがり、次回は絶対に問題を起こさないと決意しなければいけない。

動作することを「把握しなければ」いけない

コードが動いていることをどうやって**把握**するのだろうか？　簡単だ。テストすればいい。何度もテストするのだ。手を変え、品を変え、あらゆる方法でテストするのだ。

テストには時間がかかりすぎると思っているかもしれない。スケジュールや納期は守らなければいけない。テストだけやってたらコードが書けないじゃないか。いい指摘だ！　だからこそ、テストを自動化するんだ。すぐに実行できるユニットテストを何度も実行するんだ。

自動ユニットテストって、どれくらいのコードをテストすればいいの？　その質問に答える必要があるのか？　全部だ！　ぜ・ん・ぶ。

カバレッジを 100% にしたほうがいいということだろうか？　**したほうがいいじゃない。そうしろ**と言っているんだ。書いたコードはすべてテストしなければいけない。まる。

それは現実的なのかだって？　もちろんだ。何らかの動作を期待してコードを書くんだから、正常に動いていることを**把握**しなきゃいけない。そのためには、テストするしかないじゃないか。

私は、FitNesse というオープンソースプロジェクトのメインコミッタをやっている。本書執

37

第 1 章　プロ意識

筆時のコードは 6 万行だ。そのうち 2 万 6,000 行は、2,000 個あまりのユニットテストである。EMMA[3]を使ったカバレッジ率は 90% 程度だった。

どうしてもっと高くならないのか？　それは、EMMA がすべてのコード行を調べられないからだ！　実際のカバレッジ率はもっと高いと思う。100% になるかだって？　それはない。100% というのは漸近線だ。

テストしにくいコードもあるんじゃないの？　もちろんある。だけどそれは、テストしにくい**設計**になっているからだ。テストしやすい設計に変えればいい。いちばんいいのは、最初にテストを書いて、そのテストを成功させるコードを書くことだ。

これはテスト駆動開発（TDD）として知られる規律だ。詳しくは、あとの章で説明する[4]。

自動QA

FitNesse の QA は、ユニットテストと受け入れテストを実行するだけである。この 2 つのテストが成功すれば出荷できる。QA にかかる時間は 3 分だ。思いついたらすぐに実行できるようになっている。

FitNesse にバグがあったとしても、誰かが死ぬわけじゃない。誰かが何百万ドルを損するわけでもない。しかし、FitNesse には何千人ものユーザがいる。それに、バグは**ほとんどない**。

ミッションクリティカルなシステムであれば、短時間の自動テストだけではデプロイすることはできないかもしれない。だが、自分の書いたコードがきちんと動作し、他の部分を邪魔していないかを確認できるような、速くて信頼できる仕組みが開発者には必要だ。したがって、少なくとも自動テストによって、システムが QA を通過し**そう**かどうかは判断できなければいけない。

構造に危害を加えてはいけない

本物のプロは、構造を犠牲にして機能を届けるのはバカのやることだと思っている。コードの柔軟性はその構造にかかっている。構造が不安定ならば未来も不安定になる。

あらゆるソフトウェアプロジェクトの基本的な前提として、ソフトウェアは変更しやすいというものがある。構造に柔軟性がなくなり、この前提が崩れてしまえば、業界全体の経済モデルが根底から覆されてしまう。

つまり、**ソフトウェアは適切なコストで変更できなければいけない。**

残念なことだが、貧弱な構造というタールの沼から抜け出せないプロジェクトがあまりにも多い。数日かかっていた作業が、数週間、数か月とかかるようになる。マネジメントは、最初

3　訳注：http://emma.sourceforge.net/
4　訳注：第 5 章「テスト駆動開発」参照。

の勢いを取り戻そうとして、開発者を投入する。しかし、それでは火に油をそそぐようなものだ。開発者を追加すれば、構造の欠陥は深刻化し、障害が頻繁に発生するようになる。

柔軟性や保守性の高い構造を作り出すためのソフトウェアの設計原則やパターンについて書かれた本が数多く存在する[5]。プロのソフトウェア開発者は、その内容を暗記して、それに準拠したソフトウェアを作ろうとする。しかし、これはあまりやる人がいないのだが、**ソフトウェアを柔軟にするには、柔らかくすればいいのだ！**

ソフトウェアが変更しやすいかどうかを証明するには、実際に簡単な変更をしてみるしかない。思ったよりも変更が難しければ、次の変更が簡単になるように設計を改善すればいい。

こうした簡単な変更をいつやればいいのだろうか？　**いつもだ！**　モジュールを目にしたら、構造を改善するような小さくて軽めの変更をする。コードを読んだら、構造を調整する。

この考えは「**容赦ないリファクタリング**」と呼ばれることもある。私は「ボーイスカウトの規則」と呼んでいる。つまり、「来た時よりもモジュールを美しく」というわけだ。コードを見たら常に思いやりの行動をとろう。

多くの人が、これとは正反対のことを考えている。動いているソフトウェアを継続的に変更するのは**危険**だと思っているのだ。それは違う！　危険なのはソフトウェアを変更しないことだ。柔らかくしておかないと、いざ変更しようと思ったときに固くなっている。

多くの開発者がコードを継続的に変更するのを怖がるのはなぜだろうか？　それは、壊れるのが怖いからだ！　なぜ壊れると思っているのだろうか？　それは、テストがないからだ。

すべてはテストに通じる。コードのほぼ100%を網羅する自動テストスイートがあり、思いついたらすぐに実行できるのであれば、**コードを変更するのは怖くない**。どうすればコードの変更が怖くないと証明できるだろうか？　それは、常に変更すればいいのである。

プロの開発者は、自分のコードとテストに確信を持っていて、成り行きで気まぐれな変更を気軽に行う。思いつきでクラス名を変更する。モジュールを眺めていてメソッドが長いと思えば、当然のように分割する。switch 文は多態性を使って書き換える。継承階層はチェーンオブコマンドに置き換える。プロの開発者というのは、彫刻家が粘土を扱うように、絶えず形を作ったり整えたりしながらソフトウェアを作っているのである。

労働倫理

君のキャリアの責任は**君**にある。君の市場価値を決めるのは雇用主の責任ではない。講習を受けたりカンファレンスに出席したり本を購入したりするのも雇用主の責任ではない。これら

5　［PPP2001］

第1章 プロ意識

はすべて**君**の責任だ。おおソフトウェア開発者よ、自分のキャリアを雇用主に任せるとはなさけない。

　君のために本を購入してくれたり講習を受けさせてくれたりカンファレンスに参加させてくれたりする雇用主もいるだろう。君のためにやってくれているのだから、それはそれで構わない。だが、それが雇用主の責任だと勘違いしてはいけない。こうしたことをやってもらえなくなったら、自分で代わりの方法を見つけるべきだ。

　学習の時間を見つけるのも雇用主の責任ではない。そのための時間をくれる雇用主もいるだろう。時間を取るように言ってくれる雇用主もいるだろう。君のためにやってくれているのだから、感謝しなければいけない。だが、それを期待してはいけない。

　雇用主には一定の時間や労働力を提供しなければいけない。ここではアメリカの労働基準法にある週40時間を引き合いに出そう。この40時間は**君**の問題ではなく、**雇用主**の問題に費やさなければいけない。

　週に60時間働く計画を立てよう。40時間は雇用主のため、残りの20時間は自分のためだ。その20時間を読書・練習・学習などに使い、自分のキャリアを強化するのだ。
「でも、家族は？　僕の人生は？　雇用主の犠牲になれってこと？」　そんな声が聞こえてくる。

　余暇の時間の話は**していない**。週に20時間追加しただけだ。1日に換算すると約3時間になる。昼食時に読書をして、通勤時間にポッドキャストを聞いて、1日に90分ほど新しい言語を学習すればいいのだ。

　計算してみよう。1週間は168時間だ。雇用主に40時間、君のキャリアに20時間を使える。残りは108時間だ。睡眠に56時間を使うとして、残りの52時間は自由に使える。

　そんなことはしたくないと思うかもしれない。それでもいい。だが、それならプロとは言わないでもらいたい。プロは自分の専門知識の手入れに**時間**をかけるものだ。

　仕事を家に持ち込みたくない人もいるだろう。私もそうだ！　追加した20時間は雇用主のために使ってはいけない。自分のキャリアのために使うのだ。

　この2つは重なることもある。雇用主のための仕事が君のキャリアに役立つ場合だ。そんなときは、20時間を仕事の時間に充ててもいいだろう。忘れないで欲しいのは、20時間は**君**のためのものだということだ。その時間は、プロとしての価値を高めるために使うのだ。

　そんなことをしていたら燃え尽きてしまうと思うかもしれない。だけどこれは、燃え尽き**ないようにする**ためのものなんだ。君はソフトウェアに情熱をかけていたから、ソフトウェア開発者になったわけだよね。プロになりたいのもその情熱があったからだよね。20時間でその情熱を**取り戻す**んだ。20時間を**楽しむ**んだ！

40

自分の専門分野を知る

「ナッシーシュナイダーマン図」を知っているだろうか？　知らないの？　なんで？　「ミーリの状態遷移図」と「ムーアの状態遷移図」の違いを知っているだろうか？　知っておくべきだ。クイックソートを何も見ずに書ける？　「変換分析」の意味を知ってる？　DFD を使って機能分割ができる？　「トランプデータ」の意味を知ってる？　「Connascence」って言葉を聞いたことがある？　「パーナステーブル」って何？

我々の業界では、さまざまな考え・規律・技法・ツール・用語が、この 50 年を彩ってきた。君はどれだけ知っているだろうか？　プロになりたいなら、かなりの量を知っておかなければいけない。そして、今後もその量を増やし続けなければいけない。

なぜ知る必要があるのだろうか？　業界の進歩は速いのだから、古い考えは役に立たないのではないだろうか？　前半部分は正しい。確かに業界の進歩はものすごい速さだ。だが、その進歩の多くは周辺的なものなのだ。今やコンパイルに 24 時間かかることはない。ギガバイト規模のシステムを作れるようになった。情報にすばやくアクセスできる地球規模のネットワークを使って仕事をするようになった。だが一方で、いまだに 50 年前と同じ if 文や while 文を書いている。多くのことが変わったが、多くのことが変わっていない。

先ほどの問いの後半部分は正しくない。過去 50 年間の考えは今でも役に立つ。なかには主流から外れたものもあるが、本当のことだ。ウォーターフォール型の開発は不遇の時代を迎えている。しかし、それがどんなものであり、よい点と悪い点が何なのかは把握しておかなければいけない。

私が 50 年かけて手に入れた考えの多くは、今でも当時と同じ価値がある。むしろ価値が上がっているように思う。

サンタヤーナの訓戒を思い出そう。「過去を記憶できない者は、それを繰り返す運命にある」。すべてのソフトウェアのプロが備えるべき**最低限**のことを以下に挙げておこう。

- デザインパターン：GOF の 24 のパターンについて説明できる。POSA のパターンを実際に使える知識がある。
- 設計原則：SOLID 原則を知っている。コンポーネントの原則を熟知している。
- 方法論：XP・スクラム・リーン・カンバン・ウォーターフォール・構造化分析・構造化設計を理解している。
- 規律：TDD・オブジェクト指向設計・構造化プログラミング・継続的インテグレーション・ペアプログラミングを実践している。
- 成果物：UML・DFD・構造チャート・ペトリネット・状態遷移図・状態遷移表・フローチャート・ディシジョンテーブルの使い方を知っている。

第 1 章　プロ意識

継続的学習

　業界は慌ただしく変化している。ソフトウェア開発者は取り残されないように継続的に学習しなければいけない。おおアーキテクトよ、コーディングをやめてしまうとはなにごとだ。すぐに自分たちが重要ではなくなったことに気づくだろう。おおプログラマよ、新しい言語を学ばないとはなさけない。いずれ自分が業界から取り残されるのを目の当たりにすることになるだろう。おお開発者よ、新しい規律や技法を学ばないとはふがいない。いつか同僚に置いていかれることになるだろう。

　医学雑誌を購読していない医者にかかったことはあるだろうか？　現在の税法や判例を知らない税理士を雇ったことはあるだろうか？　最新技術を知らない開発者を雇用する人がいるだろうか？

　本・記事・ブログ・ツイートを読んでみよう。カンファレンスに出席してみよう。ユーザグループに参加してみよう。読書会や勉強会に顔を出してみよう。居心地のよい空間の外側にあるものを学んでみよう。.NET のプログラマなら Java を学んでみよう。Java のプログラマなら Ruby を学んでみよう。C 言語のプログラマなら Lisp を学んでみよう。頭の体操がしたいなら、Prolog や Forth を学んでみよう！

練習

　プロは練習をするものだ。本物のプロは、いつでも用意ができるように、自分のスキルを研ぎ澄ましている。日々の仕事を練習とするのではない。日々の仕事は本番であり、練習ではない。練習の目的は、仕事では**使わない**スキルの強化・改良である。

　ソフトウェア開発者の練習とは何だろうか？　最初はバカな話と思うかもしれない。だが、ミュージシャンが技術を習得している様子をしばらく考えてみて欲しい。彼らは本番で技術を習得しているのではない。練習で習得しているのだ。どんな練習をしているのだろうか？　スケールやエチュードやランなどの特別な練習をしているのだ。これらを何度も繰り返すことで指と心を訓練し、自分のスキルを維持しているのだ。

　それでは、ソフトウェア開発者はどんな練習ができるだろうか？　本書ではさまざまな練習方法を紹介しているので、ここでは詳しく触れない[6]。私がよくやっているのは、ボウリングゲームや素因数分解などの簡単な反復練習だ。こうした練習を「**型**[7]」と呼んでいる。型はさまざまなものが用意されている。

6　訳注：第 6 章「練習」参照。
7　訳注：武術の「カタ」の漢字には、「形」と「型」の 2 つが使われているが、本書では「型」を使用する。

42

型は簡単なプログラミングの問題になっている。例えば、素因数分解の関数を書くような問題だ。型を行うのは、問題の解決方法を理解するためではない（解決方法はすでに知っている）。指と頭を訓練するためだ。

私は、毎日仕事を始める前に型を1～2つやっている。Java・Ruby・Clojure などのスキルを維持したい言語を使っている。型を使って、ショートカットの指使いや、リファクタリングのやり方といったスキルを研ぎ澄ましているのである。

型は10分間の朝のウォーミングアップや夕方のクールダウンだと思って欲しい。

協力

学習に最適な2つめの方法は、誰かと協力することだ。プロのソフトウェア開発者たちは、共に開発し、共に練習し、共に設計や計画を進めている。そうすることで多くのことを学び合い、仕事の間違いは少なくなり、より速く成し遂げられるのである。

100%の時間を誰かと一緒に仕事しろということではない。1人の時間も大切だ。私はペアプログラミングが好きだが、1人の時間がなかったら発狂すると思う。

指導

最良の学習方法は、誰かに教えることである。事実や価値をすばやく確実に頭に入れるには、自分が責任を持つ人たちに伝えるしかない。誰かに教えるというのは、教える人にとっても大きな利点になる。

同様に、新人を職場に慣れさせるには、横に座ってやり方を見せてあげるのがいい。プロには若手を指導する義務がある。決して放置してはいけない。

ドメインを知る

ソフトウェアのプロには、プログラミングの対象ドメインを理解する責任がある。会計システムを作っているのなら、会計の知識が必要だ。旅行のアプリケーションを作っているのなら、旅行業について知っておかなければいけない。ドメインの専門家になる必要はないが、仕事に必要な知識というものがあるはずだ。

新しいドメインのプロジェクトが始まるときには、関連書籍を1～2冊読んでみよう。顧客やユーザに基本的なことを質問してみよう。専門家と一緒に時間を過ごして、彼らの原則や価値を理解しよう。

第 1 章　プロ意識

ビジネスを理解せずに仕様からただコードを書いていくというのは、プロとしては最低だ。仕様の間違いを発見・指摘できるように、ドメインを理解しなければいけない。

雇用主や顧客に対して親身になる

雇用主の問題は**君**の問題だ。問題を理解して最善の解決策を見いださなければいけない。システムを作るときには、雇用主の立場になって、開発する機能が雇用主の要望にかなっているかを確認しなければいけない。

開発者だけで意気投合するのは簡単だ。雇用主を**敵対視**するのも簡単だ。プロならば、このようなことは絶対に避けなければいけない。

謙虚

プログラミングは創造的な行為である。コードを書いて、無から有を作り出す。混とんに秩序をもたらす。自信たっぷりに機械に正確で詳細な命令を下す。そうしなければ、機械は膨大な被害をもたらしてしまうだろう。したがって、プログラミングは傲慢な行為である。

プロは、自分が傲慢であり、謙虚ではないことをわかっている。自分の仕事を熟知し、誇りを持っている。自分の能力に自信を持ち、その自信に応じてリスクを取る。気が小さいのではない。

プロは、自分が失敗したり、リスクの計算が間違っていたり、能力が足りなかったりする場合があることをわかっている。そして、鏡を見て傲慢なバカに笑顔を返すのだ。

プロは、自分が笑いものになっていると気づいたら、自分が最初に笑う。他人を笑いものにするようなことはしない。それが真実であれば、笑われることは構わない。間違いであれば、軽く笑い飛ばせる。誰かが失敗したからといって、恥をかかせるようなことはしない。次は自分かもしれないからだ。

プロは、自分が最高に傲慢だとわかっている。いずれ自分の本当の目的に気づき、そこに狙いを定めるようになる。目的にたどり着いたら、冒頭のハワードの助言に従うといいだろう。笑うんだ。

44

参考文献

[PPP2001] Robert C. Martin, *Principles, Patterns, and Practices of Agile Software Development*, Upper Saddle River, NJ: Prentice Hall, 2002. (ロバート・C・マーチン（著）、瀬谷啓介（翻訳）『アジャイルソフトウェア開発の奥義』ソフトバンククリエイティブ）

「ノー」と言う 第2章

「やるか、やらぬかじゃ。試しなどいらん」
——ヨーダ

　70年代初頭に19歳だった私と2人の友達は、ASC社という会社でシカゴにあるチームスター（全米トラック運転手組合）のリアルタイム会計システムを作っていた。チームスターと言えば、ジミー・ホッファなどの名前が浮かぶかもしれない。君たちの中に、1971年にチームスターと関わりのあった人はいないだろう。

　我々のシステムは、ある期日までに稼動しなければいけなかった。巨額の資金がかかっていたのだ。納期を守るために我々は、週に60時間……70時間……80時間と働くようになっていった。

　納期の1週間前、システムがついに完成した。多くのバグや課題はあったが、必死になってやり遂げた。寝る間も食事をする時間もなく、1人になって考えることもできなかった。

　ASC社のマネージャであるフランクは、元空軍大佐だった。大声を張り上げる横柄なマネージャだ。彼のやり方は、パラシュートなしで約3キロ上空から高速道路に放り出すようなものだった。19歳だった我々は、彼と目を合わすこともできなかった。

　フランクは納期を厳守しろと言った。それだけだ。納期があり、我々が仕事をする。おしまい。もう話すことはない。以上。

　上司のビルは感じのいい人だった。フランクとは何年も一緒に働いていて、フランクに何が

第2章　「ノー」と言う

できて、何ができないかを把握していた。フランクはどんなことがあっても納期までにシステムを稼動させることができるんだ、と我々に言っていた。

　我々は納期に間に合わせた。そして、大惨事になった。

　シカゴにあるチームスターの本部には300ボーの半二重端末が十数台あり、そこから北に50キロ離れた郊外にある我々のマシンと接続されていた。この端末が約30分ごとにロックされてしまうのだ。我々はこのことに気づいていたが、組合の担当者が一斉にデータ入力を始めるときのトラフィックを想定していなかったのだ。

　さらに悪いことに、我々のシステムに110ボーの電話回線で接続されていたテレタイプASR-35が、印字途中でフリーズしたのだ。

　フリーズを解消するには再起動するしかない。そのためには、動いている端末も含め、端末を使っている人全員に仕事を中断してもらわなければいけない。それから電話をかけてもらい、こちらで再起動する。端末がフリーズした人は最初から仕事をやり直さなければいけない。これが1時間に何度も発生した。

　半日が経過して、チームスターのオフィスマネージャから問題が解消されるまでシステムを停止すると言われた。半日の仕事が失われた上に、データを以前のシステムに再入力することになったそうだ。

　フランクの悲痛な雄たけびが、しばらく建物全体にこだました。それから、ビルとシステムアナリストのジャリルがやってきて、いつシステムが安定するかと聞いてきた。私は「4週間後です」と答えた。

　2人は怖い顔で「ダメだ。金曜日までに稼動させるんだ」と言った。

　私は「このシステムは先週やっと動き出したばかりなんですよ。不具合や問題点を詳しく調査しなければいけません。それには4週間かかるんです」と言い返した。

　ビルとジャリルは聞く耳を持たなかった。そして「ダメだ。金曜日までだ。とにかくやってみてくれないか？」と言った。

　チームリーダーが「わかりました。やってみます」と答えた。

　金曜日でよかった。負荷が大幅に低下したからだ。月曜日が来る前に多くの問題を発見・修正できる。だが、そんなことで解決されるはずもなかった。フリーズの問題は、その後も1日に1〜2回発生し続けた。他にも問題があった。だが、数週間もたつと次第に苦情が少なくなり、システムが正常に動作するようになってきた。

　その後、イントロダクションで触れたように、我々は会社を辞めた。会社には危機的状況が残された。会社は新しいプログラマを大量に雇って、顧客から次々に届く膨大な数の不具合に対応しなければいけなかった。

　この大惨事の責任は誰にあるだろうか？　フランクのやり方には明らかに問題があった。彼の強制的な態度では真実が見えなくなる。ビルやジャリルは彼にもっと強く意見を言うべき

48

だった。チームリーダーは金曜日という期限をはねつけるべきだった。私もリーダーの代わりに「ノー」と言い続けるべきだった。

プロは権力者にも真実を伝える。プロはマネージャに「ノー」と言う勇気を持っている。

どうすれば上司に「ノー」と言えるのだろうか？　なんたって**上司**だぞ！　上司の命令には逆らえないんじゃないのか？

それは違う。プロなら違うんだ。

奴隷は「ノー」と言うことを許されていない。労働者は「ノー」と言うことをためらうだろう。だが、プロは「ノー」と言うことを**期待**されている。実際、優れたマネージャは「ノー」と言ってもらいたがっている。それ以外に何かを成し遂げる方法はない。

反対者の役割

本書のレビューアの1人が、この章を本気で嫌っていた。本を投げ捨てたくなるほどだったという。彼は、対立関係のない調和のとれたチームを作ったことがあるそうだ。

それは素晴らしいことだと思う。だが、本当に対立関係がなかったのだろうか。仮になかったとしても、生産性は下がっていなかったのだろうか。私の経験からすると、厳しい決断を下すには反対者との対立が欠かせない。

マネージャにはマネージャの仕事がある。多くのマネージャは、仕事をうまくやる方法を知っている。マネージャの仕事には、自分の目的をできる限り積極的に追い求め、必ず達成するというものがある。

同様に、プログラマにもプログラマの仕事がある。仕事をうまくやる方法も知っている。プロであれば、**自分の目的をできる限り積極的に追い求めて、必ず達成する**。

マネージャがログインページを明日までに作って欲しいと言ってきたら、それは彼の目的を追い求めているのである。彼は彼なりの仕事をしているのだ。もし明日までにログインページを作るのが無理だとわかっているのであれば、君の仕事は「了解しました。やってみます」と答えることではない。そうではなく、「それはできません」と答えなければいけない。

マネージャの言うことは聞かなきゃいけないんじゃないの？　それは違う。マネージャというのは、君にも自分の目的を達成してもらいたいと思っている。2人で**最善の成果**を生み出すのだ。

最善の成果とは、君とマネージャが共有する目標だ。その目標を見つけるには交渉が必要となる。

交渉はすんなりとうまくいくこともある。

> マイク　「ポーラ、明日までにログインページが必要なんだけど」
> ポーラ　「えっ！　明日ですか？　えーと、はい。やってみます」
> マイク　「よかった。ありがとう！」

いい感じの会話だ。対立なんかない。2人とも笑顔のままだ。いいね。

だが、2人ともプロの行動をしていない。ポーラは、ログインページには1日以上かかると
わかっていてウソをついた。本人はウソだと思っていないのかもしれない。**実際にやってみよ
う**と思っていて、もしかするとできるかもしれないと淡い期待を抱いているのかもしれない。
だが、それでもやはり、彼女はウソをついているのだ。

一方、マイクは、彼女の「やってみます」を「やります」の意味で受け取っている。これが
いけない。ポーラが対立を避けようとしているのに気づいて、「何か問題ありそうだね。明日ま
でだと無理そう？」と声をかけてあげるべきなのだ。

こちらもすんなりといった交渉だ。

> マイク　「ポーラ、明日までにログインページが必要なんだけど」
> ポーラ　「すみません、それ以上時間がかかってしまうと思います」
> マイク　「いつまでならできそう？」
> ポーラ　「2週間後はどうでしょうか？」
> マイク　（スケジュール帳に何か書き込んで）「わかった。ありがとう」

すんなりといっているように見えるが、全然うまくいっていない。それに完全にプロのやり
方ではない。2人とも最善の成果を模索できていない。マイクが確認する前に、ポーラのほう
から「2週間かかります」と言わなければいけなかった。

一方のマイクは、自分の目的に合わない期限を何も質問せずに受け入れてしまっている。ポー
ラのせいで顧客向けのデモを延期しなければいけないと上司に伝えるつもりだろうか。このよ
うな受動的な態度は道徳的に許されない。

2人とも共通の目標を追い求めていない。最善の成果を模索していないのだ。それでは、以
下のようにしてみよう。

> マイク　「ポーラ、明日までにログインページが必要なんだけど」
> ポーラ　「ちょっと無理ですね。2週間はかかります」
> マイク　「えっ、2週間？　アーキテクトの見積もりは3日だったよ。もう5日も過ぎてる
> 　　　　　じゃないか！」
> ポーラ　「それはアーキテクトが間違っているんです。マーケティングの要求を把握する前
> 　　　　　に見積もっていましたから。少なくともあと10日はかかります。再見積もりの結果
> 　　　　　をWikiに書いておきましたが、見ていませんか？」

マイク 　（イライラして険しい表情で震えながら）「それはダメだよ。明日の顧客デモで、ロ
　　　　　グインページが動いているのを見せなきゃいけないんだから」
ポーラ 　「明日までにログインページのどの部分が動けばいいんですか？」
マイク 　「**ログインページなんだぞ！　ログイン**に決まってるだろ」
ポーラ 　「ログインページのモックアップであれば、すでにあるのでお渡しできます。ただ、
　　　　　ユーザ名とパスワードのチェックはしていません。Eメール送信やパスワード再発
　　　　　行の機能もありません。トップに企業ニュースのバナーもありませんし、ヘルプボ
　　　　　タンもホバーテキストも動きません。クッキーを保存して次回から自動的にログイ
　　　　　ンする機能もありませんし、権限を使った制限もありません。でも、ログインは
　　　　　できます。それでもいいですか？」
マイク 　「ログインはできるんだね？」
ポーラ 　「はい、ログインはできます」
マイク 　「素晴らしいよ、ポーラ。君は命の恩人だ！」（ガッツポーズをして「イエス！」と
　　　　　言いながら向こうに歩いていった）

　これで2人は最善の成果にたどり着いた。2人は最初に「ノー」と言ってから、お互いに合
意できる解決策を導き出した。これがプロの振る舞いだ。少しだけ対立のある会話となり、居
心地の悪い瞬間もあった。だが、2人の人間が目標を合わせていくには、こうするべきなのだ。

┃「なぜ」について

　ポーラは時間がかかる**理由**を説明すべきだ、と思ったかもしれない。しかし、私の経験から
すると、「**なぜ**」よりも「**事実**」のほうが重要である。ここでいう事実とは、ログインページ
に2週間かかるということだ。理由はその詳細に過ぎない。

　だが、「なぜ」を説明することでマイクの理解が深まり、事実を受け入れてくれることもある。
マイクに技術的な知識があり、理解しようとしてくれるならば、理由を説明するのもいいだろ
う。だが、理由を説明してもマイクが納得しないこともある。それどころか、ポーラがすべて
悪いと決めつけてしまうこともある。テストやレビューや手順12を省略しろと言ってくるかも
しれない。詳細を説明しすぎると、マイクロマネジメントを招いてしまう。

第2章　「ノー」と言う

大金

　絶対に「ノー」と言わなければいけないのは、大金がかかっているときだ。かかっているお金が多ければ、それだけ「ノー」が重要になる。

　これは当たり前のことだ。失敗のコストが高く、企業の存続がかかっているならば、マネージャにはできる限りの情報を伝えなくてはいけない。それは「ノー」と言うことを意味することが多い。

ドン（開発責任者）	「『黄金のガチョウ』プロジェクトが完了するのは12週間後です。5週間ほど前後するかもしれません」
チャールズ（CEO）	（座ったまま顔を真っ赤にして15秒間こちらをにらみながら）「君が言いたいのは、17週間も何もせずに待てということかね？」
ドン	「そういうことに、なります」
チャールズ	（席を立った。ドンもすぐに起立した）「バカヤロウ！　3週間前には終わってたはずだろうが！　ギャリトロンから毎日電話がかかってきて、そのクソシステムがどうなってんのか聞かれてんだぞ。あと4か月待てと言えるわけ**ない**だろ？　何とかしろよ」
ドン	「**3か月前**にちゃんと言いましたよ。あなたが社員を解雇したから、あと4か月必要になったんじゃないですか。人員が20%もいなくなったんですよ！　ギャリトロンには遅れると言ったんですか？」
チャールズ	「言えるわけないだろ。この案件を失注するわけにはいかないんだぞ（一息ついて顔色が元に戻った）。ギャリトロンに切られたらマズイことになる。わかるだろ？　なあ？　納期に遅れたら、たぶん……。役員会で何て言えばいいんだ？（崩れ落ちないように椅子にゆっくりと腰を下ろした）ドン、何とかならんか」
ドン	「何もできませんよ。やれることはもうやりました。ギャリトロンはスコープを変更してくれませんし、我々も途中でリリースすることはできません。彼らはインストールを1回限りにしたいと言っています。これ以上速くすることはできません。もうどうにも**ならない**んです」
チャールズ	「なんてことだ。社運がかかっていると言っておけば、こんなことにはならなかったか」
ドン	「私を解雇しても見積もりは変わりませんよ」
チャールズ	「もう終わったんだ。チームに戻ってプロジェクトを続けたまえ。私はこれから電話をかけなきゃいけない」

見積もりが変わった3か月前に、チャールズはギャリトロンに「ノー」と伝えるべきだったのだ。最後には（役員会に対しても）正しいことをすることになったが、ドンが言わなかったら、電話はもっと遅れていただろう。

「チームプレーヤー」になる

「チームプレーヤー」の重要性は何度も耳にしてきたと思う。チームプレーヤーになるということは、自分のポジション以外にも手を伸ばしたり、チームメイトが困っているときに助けたりするということだ。チームプレーヤーは頻繁にコミュニケーションする。チームメイトに常に目を配り、自分の責任以外のことも担当する。

チームプレーヤーはイエスマンではない。次の場面を考えてみよう。

ポーラ 「見積もりができました。チームで相談しましたが、デモは8週間後にできると思います。1週間程度、遅れるかもしれません」

マイク 「デモは6週間後に決まったよ」

ポーラ 「そんな話は聞いていませんよ？　困るのは私たちなんですよ」

マイク 「でも、もう決まったから」

ポーラ （ため息）「わかりました。6週間後にデモができるようにチームと話してみます。ただ、完全なシステムにはなりませんよ。いくつかの機能は不足すると思いますし、データの読み込みも不完全になると思います」

マイク 「顧客は完全なシステムを希望しているんだよ」

ポーラ 「無理ですよ、そんなの」

マイク 「うーん。わかった。それじゃあ、最善策を考えて明日提出してくれないかな」

ポーラ 「わかりました」

マイク 「なんとか間に合わせられないかな？　もっとスマートでクリエイティブな方法があるかもしれないよ」

ポーラ 「私たちはもうすでにクリエイティブですよ。これまでうまくやってきたんですから。それで、あと8〜9週間かかるんです。6週間は無理なんです」

マイク 「残業してもいいんだよ」

ポーラ 「そんなことしたら逆に遅くなりますよ。前回はめちゃくちゃになったじゃないですか」

マイク 「ああ、そうだったね。でも、今回はそうならないかもしれないよ」

53

第2章 「ノー」と言う

ポーラ	「今回もそうなります。絶対です。何がなんでも8〜9週間かかります。6週間は無理です」
マイク	「わかったよ。最善策を持ってきてよ。でも、6週間でできそうならやってみてよ。きっとできると思うよ」
ポーラ	「できませんってば。6週間の計画も出しますけど、機能やデータが不足したものになります。それしかやりようがありません」
マイク	「了解。でも、試しにやってみたら、奇跡が起こったりしないかな」

（ポーラは首を横に振りながら歩いていった）

後日、取締役の戦略会議にて……。

ドン	「マイク、わかっていると思うけど、顧客へのデモが6週間後に迫っている。先方はすべての機能が動作することを期待されている」
マイク	「わかっています。準備はできています。私のチームが必死に頑張っていますので大丈夫です。残業や創造性が必要となりますが、必ずや実現してみせます！」
ドン	「君たちは素晴らしいチームプレーヤーだね」

　ここに**本物**のチームプレーヤーはいただろうか？　ポーラはチームのために戦っていた。彼女は、何ができて、何ができないかをきちんと示していた。マイクの言葉に惑わされずに、果敢に自分の立場を守っていた。マイクもチームのために戦っていた。ただし、そのチームにはマイクしかいない。彼はポーラのチームの一員ではない。彼女ができないと言ったことを無理にでもさせようとしていたからだ。また、彼は（異論をとなえるかもしれないが）ドンのチームの一員でもない。白々しくウソをついていたからだ。

　マイクはなぜこのようなことをしたのだろうか？　自分がチームプレーヤーであるとドンに見せたかったからだ。そして、6週間という期日をポーラに**試しに**守らせる自信があったからだ。マイクは悪者ではない。自分が思うように人を動かせると過信しているだけなのだ。

試しにやってみる

　ポーラがマイクの言葉に対して、「わかりました。やってみます」と言っていたら最悪だった。ヨーダを呼び出したくはないが、この場合は仕方ない。やるか、やらぬかじゃ。**試し**などいらん。

　この考えには反対する人がいるかもしれない。**試しにやってみる**というのは前向きな感じがするからだ。コロンブスだって、試しにやってみたからこそ、アメリカ大陸を発見できたんじゃないか。

54

「試しにやってみる」にはさまざまな意味がある。私が問題にしているのは、「余分な仕事をする」ことだ。デモを期日に間に合わせるために、ポーラは何ができたのだろうか？ もし何かできたのであれば、彼女やチームはそれまで仕事をしていなかったことになる。つまり、力を温存していたわけだ[1]。

試しにやってみるというのは、力を温存していたと認めることだ。試しにやってみるというのは、温存しておいた力を使えば目標が達成できると認めることだ。さらに言えば、温存していた力を使って目標を達成すると約束することだ。つまり、試しにやってみるというのは、成功を約束するということなのだ。「試しに」やってみて、望ましい成果につながらなかったときは、失敗したということになる。

君は力を温存しているだろうか？ それを使えば目標が達成できるのだろうか？ それとも、試しにやってみると約束するのは、単に失敗するということなんだろうか？

試しにやってみると約束するのは、計画の変更を約束することである。つまり、今までの計画が間違っていたと言っているようなものだ。試しにやってみると約束するのは、新しい計画を用意するということである。新しい計画とは何だろうか？ 振る舞いにどのような変化が現れるのだろうか？ 「試しにやってみる」ことで、何が変わってくるのだろうか？

もし新しい計画がないのであれば、もし振る舞いを変えないのであれば、もし「試しにやってみる」と言う前と何も変わらないのであれば、何を試してみるのだろうか？

もし力を温存していないのなら、もし新しい計画がないのであれば、もし振る舞いを変えないのであれば、もし最初の見積もりに自信があるのであれば、試しにやってみると約束するのは不誠実である。**ウソ**をついているのと同じだ。おそらくは、自分のメンツを保ち、対立を避けるためにやっているのだろう。

それならポーラのやり方のほうがずっといい。彼女は、チームの見積もりが不確実であると何度もマイクに伝えていた。常に「8〜9週間」と答えていた。彼女は、不確実であることを強調し、決して引き下がらなかった。余分な仕事をしたり、新しい計画を作ったり、振る舞いを変えたりすることで、見積もりを確実にできる可能性があるとは決して言わなかった。

3週間後……。

マイク	「デモは3週間後だけど、顧客はファイルアップロード機能が見たいそうだ」
ポーラ	「それは機能に入ってないですよ」
マイク	「わかってるよ。でも、先方がどうしてもと言ってるんだ」
ポーラ	「わかりました。それじゃあ、シングルサインオン機能かバックアップ機能のどちらかを外してください」
マイク	「そんなことできるわけないだろ！ それも見たいと言ってるんだから！」

---

1 フォグホーン・レグホーンのように「こんなこともあろうかと、羽の数を数えてあったんだ」。

第2章 「ノー」と言う

ポーラ 「なるほど。すべての機能を見たいというわけですね。っていうか、何を言ってる
んですか？ 無理だって言いましたよね」

マイク 「申し訳ない。でも、顧客も引かなくてさあ。全部見たいって言うんだよ」

ポーラ 「無理です。本当に」

マイク 「お願いしますよ、ポーラさん。**試しにやってみてくれないかな？**」

ポーラ 「それじゃあ、**試しに空中に浮かんでみます。試しに鉛を金に変えてみます。試し
に大西洋を泳いで渡ってみます。**私にできると思いますか？」

マイク 「それは極論だ。**不可能**なことをお願いしているわけじゃないんだよ」

ポーラ 「いいえ、**不可能**なことをお願いしているんですよ」

（マイクはニヤッと笑って、軽くうなずき、歩いていった）

マイク 「ポーラのことは信頼してるよ。期待しているからね」

ポーラ （マイクの背中に向かって）「夢見ないでください。絶対にうまくいきませんよ」

（マイクはこちらを向かずに手を振った）

受動的攻撃

　ポーラはある決断をした。彼女は、マイクがドンに見積もりの情報を伝えていないと思って
いる。もしそうであれば、彼女はマイクを窮地に追い込むことができる。マイクに何を言った
のか、**いつ**言ったのかをメモしておいて、問題が発生したときに見せるのだ。このようなこと
を「受動的攻撃」と呼ぶ。マイクに自分で自分の首を絞めさせるのだ。

　あるいは、ドンに直接掛けあって被害を止めることもできる。確かにリスクはあるが、チー
ムプレーヤーとはこういうものだ。貨物列車が突っ込んでくるのに気づいたら、自分だけ逃げ
てみんなが被害に遭うのを見ることもできるし、「列車だ！ みんな逃げろ！」とみんなに叫ん
で知らせることもできる。

　2日後……。

ポーラ 「ドンに私の見積もりを伝えてくれましたか？ ドンから顧客にファイルアップロー
ド機能はデモに使えないと伝えてもらえましたよね？」

マイク 「試しにやってみると言ったじゃないか」

ポーラ 「言ってませんよ。無理だと言いました。そのときのメモを送りましたよね」

マイク 「そう、だったね。だけど、**試しにやってみてくれた**んだよね？」

ポーラ 「その議論はもう終わりました。鉛を金に変える話を覚えていないのですか？」

マイク （ため息）「いいかい、ポーラ。君はやるべきなんだ。やらなきゃいけないんだ。頼
むから何としてもやってもらえないかな。私のためにやってもらうしかないんだ」

ポーラ	「それは違いますよ。あなたのためにやることではありません。私が**やらなければいけない**のは、ドンと話をすることです。あなたがやってくれないのであれば、自分でやるしかありません」
マイク	「私を差し置いてそんなことはできないよ」
ポーラ	「私もやりたくはありません。でも、あなたが無理なことをさせるなら、そうするしかありません」
マイク	「ああ、ポーラ……」
ポーラ	「いいですか。デモには間に合い**ません**。このことをしっかり頭に入れておいてください。それから、私を説得して働かせようとするのはやめてください。何をどうしたって、帽子からウサギを取り出すことはできません。**今から**ドンに話をしてください」
マイク	（目を大きく開いて）「今から？」
ポーラ	「今からです。明日、デモに必要な機能を検討する会議を開きたいと思います。ドンもそこに入ってもらいます。明日が無理なら、私が直接ドンに話をします。ここに説明用のメモがあります」
マイク	「自分だけ言い逃れをしようとしているのか！」
ポーラ	「あなたのこと**も**考えているんですよ。顧客が完全なデモを期待して、我々がそれを提供できなかったとしたら、どうなると思いますか？」

　ポーラとマイクはそれからどうなったのだろうか？　続きは自分で考えてみてもらいたい。ここで重要なのは、ポーラがプロとして振る舞ったということだ。彼女は正しいときに正しい方法で「ノー」と言った。見積もりを修正させられそうになったときに「ノー」と言った。あらゆる方法でお願いされても「ノー」と言った。それから、最も重要なことだが、マイクの自己欺まんと何もしないことに対して「ノー」と言った。ポーラはチームのために働いた。マイクには助けが必要であり、彼女は彼を助けるためにあらゆる手段を使った。

「イエス」と言う代償

　できることなら「イエス」と言いたい。健全なチームはみんなで「イエス」と言うことを目指している。うまくいっているチームのマネージャや開発者は、お互いに合意するまで実行計画の内容について交渉する。

　しかし、これまで見てきたように、**正しい**「イエス」を言うには、「ノー」も恐れずに言わなければいけない。

第2章　「ノー」と言う

　　ジョン・ブランコがブログに投稿した記事を読んでみよう[2]。以下は、彼の許可を得て掲載したものだ。これを読んで、彼がいつ・どのように「イエス」と言えばよかったのかを考えてみよう。

優れたコードは実現不可能か？

　10代の頃に、ソフトウェア開発者になろうと思った。高校時代には、オブジェクト指向の原則を使ってソフトウェアを書く方法を学んだ。大学に入ってからは、それまでに学んだ原則を人工知能や3Dグラフィックスといった分野に応用した。

　プロになってからは、商用品質で保守性が高く、いつまでも使い続けられる「完ぺき」なコードを書くという終わりなき探究が始まった。

　商用品質だってさ。ハハハ。笑っちゃうね。

　僕は幸運だったと思う。デザインパターンを**愛している**。コードを完ぺきにする理論を学ぶのが好きだ。XPのパートナーが選択した継承階層が、なぜ間違っているのかを長時間議論してもいい（「IS-A」より「HAS-A」のほうが優れている場合が多いのだ）。でも、この頃、気になることがある。それは……

　……現代のソフトウェア開発では、優れたコードは実現不可能なんだろうか？

典型的なプロジェクト計画

　常勤（とパートタイム）の開発者として、僕は昼間（と夜間）にクライアント向けの携帯アプリを作ってきた。そこでわかったのは、クライアント向けのアプリ開発では、僕の好きな高品質のアプリは作れないということだ。

　先へ進む前にこれだけは言わせて欲しい。僕にやる気がなかったわけじゃない。クリーンコードの話は大好きだ。僕ほど完ぺきなソフトウェア設計を目指しているヤツはいない。ただ、もっと恐ろしいものの片りんを味わったんだ。あなたが考えているようなチャチな理由じゃあない。

　さあ、物語の始まりだ。

　去年の終わり頃、ある有名な企業がアプリのRFP（提案依頼書）を送ってきた。大手の小売業だが、ここでは名前を伏せるために「ゴリラマート」と呼ぶことにしよう。彼らはブラックフライデー[3]までにiPhoneアプリが必要だという。今は11月1日。あと4週間しかない。その頃、アップルのアプリの審査には2週間ほどかかっていた（懐かしい話だ）。ということは、えー待てよ、このアプリの開発期間は……2週間……だと！？

　そう。アプリの開発期間が2週間しかないのだ。だが残念なことに、入札に通ってしまった（ビジネスではクライアントの知名度が重要なのだ）。そんなこんなでプロジェクトが動き始めた。

　　ゴリラマートの役員（1）が、「アプリはシンプルなので大丈夫ですよ。カタログにある商品の閲覧と、店舗検索ができればいいんですから。機能はすでに我々のサイトにあります。画

2　http://raptureinvenice.com/?p=63
3　訳注：11月の第4木曜日（感謝祭）の翌日の金曜日のこと。

像も提供しますよ。おそらく、ええと、何て言えばいいんでしょうね。そう、コードを書けば終わりなんですよ！」と言った。

ゴリラマートの役員（2）がうなずいて、「ユーザがレジで見せるクーポンも必要です。このアプリは使い捨てる予定でいます。これが完成したら、フェーズ2でスクラッチからもっと大きくていいものを作りましょう」と言った。

問題はここから始まっていた。長年言われてきたことだが、クライアントが要求する機能というのは、説明は簡単だが記述するのは難しい。それでも、とにかくやるしかない。きっと2週間で終わるはずだ。そうだ！　できるんだ！　難しくなんかないよ！　店舗情報のサービス呼び出しと画像処理だけでいいんだ。XMLだって楽勝だ！　全然やれるぜ。ゾクゾクするねぇ！　さぁ行こう！

翌日、再会。

僕　「店舗情報を取得するウェブサービスの呼び出し情報を教えていただけますか？」
クライアント　「うぇぶさーびす……何ですかそれ？」
僕　「……」

そこから本当の問題が始まった。店舗情報は確かにウェブサイトにあった。ページの右上に。ウェブサービスじゃなかったのだ。それは、Javaのコードから生成されたものだった。しかも、クソみたいなAPIだ。おまけに、ゴリラマートの戦略パートナー会社が管理している。

極悪非道な「サードパーティ」の登場だ……。

僕の場合は、店舗情報が記録されたExcelファイルだけは手に入った。しかし、店舗情報の検索用コードをゼロから書かなければならなくなった。

その日はダブルパンチだった。商品とクーポンのデータをオンラインに保存して、毎週変更したいと言ってきた。そこはハードコーディングしてるよ！　2週間でiPhoneアプリを作る予定が、2週間でiPhoneアプリとPHPのバックエンドとそのつなぎこみと……はぁ？　QAもやれって？

追加の仕事をするにはコーディングを速める必要があった。アブストラクトファクトリーは使わない。コンポジットじゃなくて巨大なループを使う。だって、時間がないんだもん！

そして、優れたコードは実現不可能になった。

2週間で完成

聞いてくれよ。この2週間はひどいものだったぜ。まず、最初の2日間は次のプロジェクトのミーティングだ（そこで今回は時間がないとか言ってるんだぜ）。作業期間は8日間だけだった。1週目は74時間働いた。2週目は……クソッ……思い出せない。シナプスが燃え尽きた。たぶん、いっぱいだ。

８日間は烈火のごとくコーディングをした。作業を終わらせるためにあらゆる手を使った。コピペ（コードの再利用とも呼ぶ）・マジックナンバー（直接入力して定数を定義しなくていいようにするんだ！）・ユニットテストなし！（こんなときにレッドバーとかやってられるか！ やる気がなくなるわ！）

ひどいコードだった。リファクタリングする時間はなかった。開発期間を考えれば、それでもまだマシなほうだった。それにこれは「使い捨て」コードなんだよね？ 聞いてたでしょ？ しばらくすればもっとよくなるよ。

アプリの最終調整をしていくと（最後にサーバサイドのコードを書いたんだ）、なんとか形になってきた。アプリが完成した。死なずに済んだ！

「やあ、新しくボブを雇ったんだ。彼が忙しくてなかなか電話をかけられなくてね。彼が言うには、ユーザにメールアドレスを入力してもらってからクーポンを発行すべきだそうだ。まだアプリを見てないんだが、これは素晴らしいアイデアだと思うよ！ そうなると、メールアドレスを出力するレポートシステムも必要になるね。立派なやつを。高いのは困る（ちょっと待て。今のはモンティ・パイソンだろ[4]）。それから、指定した日数が経過したらクーポンを期限切れにしたいね。そうそう、それから……」

話を戻そう。優れたコードとは何だろうか？ 優れたコードは拡張可能である。保守性が高い。変更しやすい。文章のように読めなければいけない。となると、これは優れたコードじゃないな。

もう１つ。優れた開発者になりたいなら、次のことを常に頭に入れておかなければいけない。クライアントは常に納期を延期する。常により多くの機能を欲しがる。常に変更したがる。土壇場になってから。以下が公式だ。

　（役員の人数）の２乗
　＋２ * 新しい役員の人数
　＋ ボブの子どもの人数
　＝ 土壇場に延期される日数

役員は優秀な人たちだ。たぶん。家族を養っている（悪魔に認められたのだ）。アプリを成功させたいと思っている（プロモーションだ！）。問題は、みんながプロジェクトに口を挟みたがるということだ。みんなが口や手を出したら、好き勝手に機能やデザインを指摘するようになるだろう。

話を元に戻すと、プロジェクトの納期が延びて、メール機能を作ることになった。そして、僕は疲労でダウンした。

クライアントは関心がない

クライアントというのは、強く何度も主張してくるわりに、アプリをスケジュールに間に合わせることには関心がない。午後にアプリが完成し、最終ビルドをステークホルダー・役員（ブーブー！）・マネージャに送付した。「これで終わりだ！ バージョン 1.0 だ！ 主の御名を賛美致

4　訳注：「モンティ・パイソン・アンド・ホーリー・グレイル」で、「ニッ」の騎士が言うセリフ。

します！」 送信ボタンを押す。椅子にもたれかかる。みんなが肩に担ぎ上げてくれるのを想像して笑みがこぼれる。「史上最高の開発者」の冠をかぶって 42 番街を行進する。最終的には、僕の顔が広告に登場するのだ。こんな感じ？

　おかしい。そうならない。何を考えているんだろう。何も聞こえてこない。誰も一言も声をかけてこない。何ということでしょう。ゴリラマートの人たちの関心は、もう別のことに移っているのだ。

　僕がウソをついていると思ってる？　よく聞け。アプリの説明を入力しないまま App Store に登録することになったのだ。ゴリラマートにお願いしたけど、返事をくれないし、時間もなかった（前の段落を参照）。何度も何度もお願いした。うちの経営者からも言ってもらった。次のようなことを 2 回聞かれて、2 回とも返事を書いた。「何が必要なんですか？」　だから、アプリの説明だよ！

　1 週間後、アップルの審査が始まった。普通なら歓喜の瞬間だが、このときは恐怖の瞬間だった。審査はその日のうちに却下された。却下の理由はおそらく、「アプリの説明がなかったから」だろう。機能は完璧だった。だけど、アプリの説明がなかった。ゴリラマートのアプリは、ブラックフライデーに間に合わなかった。僕は焦った。

　2 週間も家族を犠牲にして頑張ったのに、ゴリラマートのヤツらは誰もアプリの説明を書いてくれなかったのだ。アプリを却下されてから 1 時間後、ヤツらは僕たちのことを責めた。さて、ここからが本題だ。

　それから 1 週間半後にヤバいことが起きた。まだ実際のデータは渡されていなかった。サーバにある商品やクーポンは偽物だ。架空のものだ。クーポン番号は 1234567890。デタラメだ（デタラメ [baloney] の語源はイタリアのボローニャだ。どうでもいいけど）。

　それから運命の朝が来た。ポータルをチェックしたら、アプリが認可されていたのだ。全部偽物のデータなのに！　絶望して雄たけび。とにかく叫んだ。「データをくれ！」　反対側にいた女性が、警察か救急車を呼びましょうかと優しく声をかけてくれた。すぐに電話をかけなきゃいけない。ゴリラマートに「データをくれ！」と伝えた。そのときのヤツらの答えが忘れられない。

　　あー、ジョンじゃないか。新しい VP がもうアプリをリリースしなくていいって言ってるから、App Store から引き上げておいてもらえる？

　データベースには 11 人のメールアドレスが残っていた。11 人が偽のクーポンを持って、ゴリラマートに行ったのだろう。きっと怒っているよね。

　結局、クライアントは最初から正しいことを言っていた。コードは使い捨てだったんだ。問題は、リリースもしないってことだ。

結末が聞きたい？　完成は急いで、販売はゆっくり
　この話の教訓は、社外のクライアントであれ社内のマネージャであれ、誰もが開発者にコードを「はやく」書かせようとすることだ。「はやく」というのは、効率的に？　違う。迅速に？　そっちだ。それは次のようにして起こる。

- **アプリはシンプルだと開発者に伝える。**開発チームにプレッシャーを与えて、不安な気持ちにさせる。こんなことを言えば、開発チームは疑心暗鬼になって、すぐに作業を始めようとする。そうしたところで、ヤツらは……
- **必要性を理解していないとチームを非難して機能を追加する。**今回の場合は、コンテンツをハードコーディングしていたばっかりに、アプリを変更することになった。必要性を理解していなかったのだろうか？　いや、理解はしていた。だが、約束をほごにされたのだ。それが理由だ。あるいは、クライアントが「新しい人」を雇って、その人がアプリに足りないものを見つけたりする。ある日、スティーブ・ジョブズを雇ったので、アプリに魔法を吹き込めないか？　などと言ってくるかもしれない。そして、ヤツらは……
- **納期を延ばす。何度も何度も。**納期間際の開発者は迅速に精一杯働く（そして間違いを犯す。でも、そんなこと、誰も気にしないだろ？）。開発者たちが生産的に働いているのだから、そこで納期を伸ばせると言わない手はない。うまく利用させていただこうというわけだ！　そのまま数日間、数週間と追加していけば、1日20時間交代で働くようになる。まるでロバとニンジンだ。ロバのように扱われないだけまだマシだ。

　素晴らしい脚本だ。これがうまくいくと考えているヤツらを非難できるだろうか？　彼らはひどいコードを目にしないんだ。だから、こんなことが起きるんだ。何度でも。結果がどうなっても。

　グローバル経済では、レイオフ・過重労働・オフショアなどで企業が株価を上げている。開発者のコストを削減するには、優れたコードを破棄すればいい。開発者は用心していないと、何度でもコードを書き直す羽目になるぞ。

コードの実現不可能性

　ここでジョンは「優れたコードは実現不可能か？」と聞いているが、それは「プロ意識は実現不可能か？」と聞いているのと同じだ。彼の話のなかで被害に遭ったのは、コードだけではない。彼の家族・従業員・顧客・ユーザ。**みんな**が被害に遭った[5]。その原因は、プロ意識の欠如だ。

　誰がプロらしくない振る舞いをしていたのだろうか？　ジョンはゴリラマートの幹部だと考えていた。最後の脚本でそう書いている。だが、彼らの振る舞いは間違っていたのだろうか？　私はそうは思わない。

　ゴリラマートの人たちは、iPhoneアプリをブラックフライデーまでに欲しいと言っていた。そのことに対価を払おうと思っていた。そして、それを提供してくれる人を探していた。彼ら

5　ジョンの雇用主は違うかもしれないが、私はきっと該当していると思う。

を責めることができるだろうか？

　彼らはコミュニケーションがうまくできていなかった。幹部たちは「ウェブサービス」が何なのかをわかっていなかった。大企業が他の部署のことについて知らないのはごく当たり前のことだ。そんなことはあらかじめわかっていた。ジョンも「長年言われてきたことだが、クライアントが要求する機能というのは、説明は簡単だが記述するのは難しい」と書いている。

　では、ゴリラマートが犯人ではないとすると、誰が真犯人だろうか？

　おそらくジョンの雇用主だろう。ジョンは明言していないが、挿話にヒントが隠されている。「ビジネスではクライアントの知名度が重要なのだ」。それでゴリラマートと不合理な約束を交わしたのではないだろうか？　そして、その約束を実現するために、ジョンに直接・間接的に圧力をかけたのではないだろうか？　ジョンは何も言っていないので、我々は想像するしかない。

　ジョンに責任はないのだろうか？　私はジョンにも責任があると思う。ジョンは、プロジェクトが想像よりも複雑になることを充分に承知していながら、最初の2週間という納期を受け入れた。ジョンは、サーバサイドのPHPを書くことを受け入れた。ジョンは、メールアドレスの登録やクーポンの期限切れ機能を受け入れた。ジョンは、1日に20時間、1週間に90時間働いた。ジョンは、自分の家族と人生を犠牲にして、納期を守ろうとした。

　なぜジョンはこのようなことをしたのだろうか？　彼はこう書いている。「送信ボタンを押す。椅子にもたれかかる。みんなが肩に担ぎ上げてくれるのを想像して笑みがこぼれる。「史上最高の開発者」の冠をかぶって42番街を行進する」。つまり、ジョンはヒーローになろうとしたのだ。これを称賛のチャンスだと思っていたのだ。そのために頑張ったのだ。成功の機会を手に入れたいと身を乗り出していたのだ。

　プロはヒーローになることがある。しかし、それはヒーローになろうとしたからではない。プロは、納期・予算どおりに仕事を成し遂げたときにヒーローになる。一時的な救世主になろうとして、ジョンはプロの振る舞いをしなかった。

　ジョンは、最初の2週間という納期に「ノー」と言うべきだった。あるいは、ウェブサービスがないと判明したときに「ノー」と言うべきだった。メールアドレスの登録やクーポンの期限切れ機能についても「ノー」と言うべきだった。無駄に時間や手間のかかるものには、すべて「ノー」と言うべきだった。

　そして何よりも、この無理な仕事を強行した社内の決定に「ノー」と言うべきだった。ジョンは、優れたコードやユニットテストについて、こう書いている。

　　「追加の仕事をするにはコーディングを速める必要があった。アブストラクトファクトリーは使わない。コンポジットじゃなくて巨大なループを使う。だって、時間がないんだもん！」

第2章　「ノー」と言う

また、こうも書いている。

「8日間は烈火のごとくコーディングをした。作業を終わらせるためにあらゆる手を使った。コピペ（コードの再利用とも呼ぶ）・マジックナンバー（直接入力して定数を定義しなくていいようにするんだ！）・ユニットテストなし！（こんなときにレッドバーとかやってられるか！　やる気がなくなるわ！）」

　社内の決定に「イエス」と言ったのが、この失敗の本質だ。ジョンはプロジェクトを進めるために、プロとしての振る舞いを忘れた。そして、それ相応の報いを受けることになった。

　厳しいと思うかもしれない。だが、厳しくしているつもりはない。私もこれまでに何度も同じような失敗をしてきた。ヒーローになりたい気持ちや「問題を解決」したいと思う気持ちはとても大きい。我々が意識しておかなければいけないのは、プロの規律を失ってまで「イエス」と言うのは、問題を解決する方法では**ない**ということだ。規律を失うというのは、逆に問題を作り出すことだ。

　これでようやく最初の質問に答えられる。

「優れたコードは実現不可能か？　プロ意識は実現不可能か？」

　答えは「**ノー**」だ。

64

第3章 「イエス」と言う

　ボイスメールを発明したのは私だって知ってたかな？　本当だよ。ケン・ファインダーとジェリー・フィッツパトリックと私の3人で特許を取ったんだ。80年代初頭、我々はTeradyne社という会社で働いていた。そこのCEOが新製品を開発する任務を我々に与えたのだ。それで作ったのが「The Electronic Receptionist（電子受付係）」だ。略してERと呼んでいる。

　ERが何かはみんな知っていると思う。会社にかかってきた電話に応答して、さまざまな無能な質問をしてくる最悪な機械のことだ。質問にはボタンで回答する（「英語をご希望の方は1を押してください」）。

　我々のERは、会社にかかってきた電話に応答し、話したい人の番号をダイアルしてもらうものだった。名前を言ってもらってから、話したい相手を呼び出す。そして、相手につないでもいいかと聞く。大丈夫なら電話をつないで、終了する。

　ERに現在の場所を伝えることもできた。呼び出す電話番号を複数登録することもできた。誰かのオフィスや自宅、あるいは他の都市にいても、ERが見つけてくれた。見つけられなかったら、メッセージを預かることもできた。これがボイスメールだ。

奇妙な話だが、Teradyne社はERをうまく販売できなかった。プロジェクトの予算がなくなり、販売しやすいものへと形が変わっていった。それが、CDS（The Craft Dispatch System）だ。これは、電話の修理工を次の仕事場に向かわせるシステムである。Teradyne社は、我々に内緒でERの特許を放棄した（！）。現在の保持者が特許を出願したのは、我々が出願した3か月後のことだった（！！）[1]。

ERがCDSに変わってしばらくしてから——それは特許が勝手に放棄されたのを知るずっと前のことだったが——私は木の上でCEOを待っていた。建物の前に大きなオークの木があったのだ。木に登って、彼のジャガーがとまるのを待った。玄関の前で彼に話しかけ、少し時間をいただけないかとお願いした。彼はこちらの願いを受け入れてくれた。

私は、ERプロジェクトを再開する必要があると訴えた。そして、このプロジェクトは金になると伝えた。彼は驚いてこう言った。「わかったよボブ。計画を立て直そう。まずは、どうやって金を稼ぐのかを教えてくれないか。もしそれができるなら、君を信じてERプロジェクトを再開しよう」。

そんな言葉は期待していなかった。「そのとおりだよ、ボブ。プロジェクトを再開しよう。私が金を稼ぐ方法を探すよ」みたいに言われると思っていた。でも、違った。私は荷物を背負わされたのだ。かなり面倒な荷物だ。私はソフトウェアの人間だ。マネーの人間ではない。ERプロジェクトで働きたいが、利益や損失の責任は取りたくない。彼には葛藤を知られたくなかった。お礼を言って帰るときに、こんな言葉を残したと思う。

「ありがとうございます、ラス。やります……たぶん」

さて、ロイ・オシュエラオブを紹介しよう。この言葉がどれほど哀れかを教えてくれる。

約束の言葉

ロイ・オシュエラオブ著

言う。思う。やる。

約束には3つの段階がある。

1. あとでやると**言う**。
2. 今からやろうと**思う**。
3. 実際に**やる**。

---

1 特許によって金銭的メリットがなかったというわけでもない。雇用契約にしたがって、Teradyne社に1ドルで特許を売り渡している（だが、その1ドルはもらっていない）。

この3つの段階を踏まないヤツらを（もちろん我々のことじゃないよ！）何度見てきたことだろう？

- **IT部門の人**にネットワークが遅いと言ったら、「ああ、新しいルータが必要だね」と言われた。だけど、そこから話が先に進まないのは**わかっている**。
- チームメンバに「コードをチェックインする前には、必ず手動テストを実行してください」とお願いしたら、「もちろんだよ。今日中にやるよ」と言われた。たぶん明日も同じようにお願いするんだろうなと**思った**。
- 上司が部屋に入ってきて独りごとを言っている。「もっと速くしないと」。もっと速くしないといけないのは、きっと自分になるんだろうなと思った。**上司は何もしないから**。

あとでやると言った人が、今からやろうとしたり、実際にやったりすることはほとんどない。あとでやると言って、今から**やろうと**した人でも、実際にやることはあまりない。約束したのに、**やろう**とすら思わない人たちもたくさんいる。「ダイエットしなきゃいけない」という言葉を聞いたことがあるだろうか。彼らは絶対にやらないんだ。四六時中こんなことが起きている。

人々が約束を（ほとんど）守ろうとしないことに対して、我々はなぜ奇妙な感情を抱き続けなければいけないのだろうか？

さらに悪いことに、直感は間違えることがある。我々は、約束を守らない人を**信じようとする**。2週間かかる作業を1週間で終えると言う開発者を**信じようとする**。信じてはいけないのだ。

直感に頼る代わりに、いくつかの言葉の裏技が使える。それらを使えば、人がどういう意味で言葉を発しているのかがわかる。言い方を変えることで、冒頭の1と2に対応できる。**口で約束をしたら、やろうとしなければいけない**。

約束の欠如を認識する

約束をするときには、約束が実現される発言かどうかに注意する。重要なのは、発言に表れるいくつかの**言葉**だ。魔法の言葉が見つからないときは、本気で発言していないか、約束が実現されない可能性がある。

無責任の証拠となる言葉や表現をいくつか例に挙げよう。

- **する必要がある・しなければいけない**：「やる必要がありますね」「体重を落とさなければいけないんだ」「誰かがやらないといけないね」
- **〜するといいんだけど・〜したい**：「明日までに終わらせたい」「いつかまたお会いしたいですね」「時間があればいいんですけど」「このコンピュータがもっと速ければいいのに」

67

第 3 章 「イエス」と言う

- ●**やりましょう**（「私が……」ではない）：「いつかお会いしましょう」「これを終わらせましょう」

こうした言葉は、あらゆるところに存在する。あなた自身も使っているはずだ。

我々はできるだけ責任を取りたくないのだ。

仕事の約束だからといって信頼しては**いけない**。まずは、身近にある約束の欠如を見つけよう。

これで無責任の言葉がわかった。では、本物の責任はどうやって見分ければいいのだろうか？

約束の言葉

前節で説明した表現は、「自分の」手に負えないという個人的な責任の欠如を表すものだった。いずれの場合にも、人々は状況を制御しようとはせず、**犠牲者**として振る舞っている。

だが、**自分**で制御できるものは「常に」あり、完全に約束ができるものが常に**ある**のだ。

本物の約束を見つけるには、「私が……までに……をやります」という表現を探すことだ（例「私が火曜日までにこれを終わらせます」）。

ここで重要なことは何だろうか？　「**自分で**」約束の内容と期日を明言していることだ。自分以外の誰かの話はして**いない**。自分が**これから**やる**行動**について話しているのだ。やる「**可能性がある**」とか「**たぶんやるだろう**」ではなく、**やり遂げる**ことだ。

この口約束から逃れる術は（理論的には）ない。自分でやると言った以上、結果は 2 つに 1 つ。やるか、やらないかだ。やらなければ、みんなの笑い者になる。自分でもそのことを**申し訳なく思う**ようになる。やっていないと誰かに言うのが**気まずくなる**。

怖いだろう？

最低でも 1 人の人間に対して責任を負うのだ。それは、鏡やコンピュータ画面の前でやることではない。生身の人間の前に立って、自分でやると言うのだ。それが約束の始まりだ。何かをしなければいけない状況に自分を置くんだ。

約束の言葉を使ってみよう。そうすれば次の段階に進めるはずだ。やろうと思ったことを言葉にして、実際にやるんだ。

やろうと思わない、あるいはやらないことには理由がある。そして、その解決策もある。

誰かにやってもらおうと思うからうまくいかない

約束できるのは自分で**完全**に**制御**できるものだけだ。例えば、他のチームと一緒にモジュールを作らなければいけないとき、完全にうまく統合できると約束することはできない。だが、目標につながる行動であれば、約束**できる**。

- 依存性を把握するためにインフラチームのゲーリーと1時間会話をする。
- 他のチームのインフラに依存した部分を抽象化するインタフェースを書く。
- 自分たちの変更が会社のビルドシステムでもうまく動くように、ビルド担当者と週に最低3回は会う。
- モジュールのインテグレーションテストをするためのビルドを自分用に作る。

違いがわかるだろうか？

最終目標が他の何かに依存しているのであれば、目標に近づくための自分の行動を約束すべきだ。

できるかどうかわからないからうまくいかない

できるかどうかわからないのであれば、その目標に近づく行動を約束しよう。できるかどうかを見つけることが約束になるのだ！

例えば、リリース前に25個のバグを修正すると約束するのではなく（それが可能であったとしても）、その目標に近づくための3つの行動を約束する。

- 25個のバグを調査・再現する。
- バグを発見したQAの隣に座って、再現方法を確認する。
- 今週は時間が余ったら、できるだけバグを修正する。

時間に間に合わないことがあるからうまくいかない

そういうこともある。予期せぬことが起きる。それが人生だ。だが、期待には応えたい。そんなときは、**できるだけ早く期待を変更すべきだ**。

もし約束が果たせないなら、約束した人にできるだけ早く連絡するのが重要だ。

ステークホルダーに連絡すれば、中止・行動の見直し・意思決定（優先順位の変更など）について考える時間が生まれる。それによって、約束が果たされることになる。あるいは、別の約束ができるようになる。

例えば、次のようなことだ。

- ダウンタウンのカフェで同僚と午後の会議をすると約束した。だが、渋滞に巻き込まれてしまった。時間までに到着できるかわからない。こんなときは、遅れそうだとわかった時点で同僚に連絡する。そうすれば、場所をもっと近くに変更したり、時間を遅らせたりできる。

第3章 「イエス」と言う

- バグを修正すると約束したのに、思った以上にバグがあったとする。こんなときは、周囲に警告を促す。そして、約束を果たすための方針をチームで決める（ペア組み・可能性のある解決策の試行・ブレインストーミングなど）。あるいは、優先順位を変更して、先に簡単なバグに取り掛かる。

ここで重要なことは、早い段階で問題を誰かに伝えないと、誰も手伝ってくれないということだ。

まとめ

約束の言葉を使うのは、少し怖いことかもしれない。だが、見積もり・納期・対面での意思疎通など、プログラマが直面するコミュニケーションの問題の多くを解決してくれる。約束の言葉を使えば、自分の言葉に忠実に行動する真面目な開発者だと思ってもらえる。これは、この業界で目指すべきことの1つである。

「イエス」と言う方法を学ぶ

ロイに寄稿を頼んだのは、感情に訴えてくるものがあったからだ。しばらく「ノー」と言う方法を学んできた。だが、それと同じくらい「イエス」と言う方法も重要である。

もう1つの「試しにやってみる」

ピーターは、評価エンジンの修正を担当している。彼の見積もりは5〜6日。それからドキュメントを書くのに数時間かかる。月曜日の朝、上司であるマージが進捗をたずねてきた。

マージ 「評価エンジンの修正は金曜日までにできる？」
ピーター 「できると思います」
マージ 「ドキュメントも？」
ピーター 「やってみます」

おそらくマージは、ピーターの言葉に迷いが生じているとは思わなかっただろう。だが、ピーターは確実に約束するとは言っていない。ドキュメントが間に合うかどうかについては、真偽を曖昧にしている。
「やってみます」という言葉に気づいただろうか。前章では、これを「余分な仕事」だと説明

70

した。ピーターは「たぶん」という意味で使っている。

　ピーターは、次のように答えるべきだった。

マージ　　「評価エンジンの修正は金曜日までにできる？」
ピーター　「たぶんできます。でも、月曜日までかかるかもしれません」
マージ　　「ドキュメントも？」
ピーター　「ドキュメントには、もう数時間かかります。月曜日に間に合うかもしれません
　　　　　が、火曜日までかかるかもしれません」

　ピーターの言葉はより正直になっている。不確実であることをマージに説明しているからだ。これならマージは対応できるかもしれない。

規律を持って約束する

マージ　　「『イエス』か『ノー』で答えて欲しいの。評価エンジンの修正は金曜日までに
　　　　　できる？」

　この質問は完ぺきだ。彼女は予定を立てなければいけないので、金曜日までにできるかどうかの二者択一の答えが必要なのだ。では、ピーターはどのように答えればよいだろうか？

ピーター　「それなら『ノー』ですね。修正とドキュメントが完成すると**確実**に言えるのは、
　　　　　最短で火曜日になります」
マージ　　「火曜日には確実にできるの？」
ピーター　「はい。火曜日までにはすべて終わります」

　しかし、金曜日までに修正とドキュメントの作成が終わらなければならないとしたらどうなるだろう？

マージ　　「火曜日だと問題があるわね。テクニカルライターのウィリーが空いているのは
　　　　　月曜日からだし、ユーザガイドには5日かかるみたいだから、月曜の朝までに渡
　　　　　さないといけないわ。そうしないと、彼の仕事が予定どおりに終わらないの。ド
　　　　　キュメントを先にやってもらえない？」
ピーター　「それはできません。修正が先になります。テストの実行結果からドキュメント
　　　　　を自動生成しているんです」
マージ　　「わかったわ。それじゃあ、月曜日までに修正とドキュメントを終わらせる方法
　　　　　はない？」

第3章　「イエス」と言う

　ここでピーターは意思決定をしなければならなくなった。金曜日までに評価エンジンの修正をして、家に帰るまでにドキュメントを終わらせることができるかもしれない。それでも終わらなかったら、土曜日に対応できる。これで大丈夫そうだ。そのことをマージに何と伝えればいいだろうか？

　ピーター　　「土曜日に対応すれば、月曜日までに間に合うと思いますよ」

　これでマージの問題は解決されただろうか？　解決されていない。確率が上がっただけなのだ。ピーターはそのことを伝えなければいけない。

　マージ　　　「月曜日の朝までにできるということね？」
　ピーター　　「たぶん。確実にとは言えませんが」

　マージにとって、この答えは充分ではない。

　マージ　　　「確実にして欲しいのよ。月曜日の朝までに確実にできる**方法はある？**」

　ピーターは、規律を破る誘惑に駆られるかもしれない。テストを書かなければ、もっと早くできるかもしれない。リファクタリングをしなければ、もっと早くできるかもしれない。リグレッションテストを実行しなければ、もっと早くできるかもしれない。
　ここでプロかどうかが分かれる。まず、ピーターの誘惑は間違っている。テストを書かなければ、もっと早くできることは**ない**。リファクタリングをしなければ、もっと早くできることは**ない**。リグレッションテストを実行しなければ、もっと早くできることは**ない**。長年の経験から得た私の教訓からすると、規律を破ると遅くなる。
　次に、彼にはプロとして基準を守る責任がある。コードはテストしなければいけない。コードはクリーンにしなければいけない。システムの他の部分を破壊しないようにしなければいけない。
　ピーターは、プロとして基準を守った上で約束をしていた。すべての約束は基準を満たすものでなければいけない。したがって、彼の誘惑は破棄しなければいけない。

　ピーター　　「火曜日よりも前に確実に終わらせる方法はありません。予定が崩れてしまうなら申し訳ありません。ですが、これが今の状況です」
　マージ　　　「困ったわね。もっと早くにできると思っていたんだけど、本当に方法がないの？」
　ピーター　　「はい。火曜日までかかるかもしれません」
　マージ　　　「わかったわ。ウィリーと予定を調整できないか話してみるわ」

　マージは、ピーターの答えを受け入れて、他の選択肢を探し始めた。しかし、他に選択肢がなく、ピーターが最後の希望だったらどうなっていただろうか？

72

マージ　　「無理なお願いかもしれないけど、月曜日の朝までに何とかならないかな。非常事態なの。どうにかならない？」

ピーターは週末に残業するかどうかを考え始める。自分のスタミナと残された力を公正に考えなければいけない。週末に対応すると言うのは簡単だが、高い品質を維持するエネルギーをかき集めるのは難しい。

プロは自分の限界を知っている。自分が効果的に働ける残業時間を知っている。そのコストがどれだけかかるかもわかっている。

今回は、平日の残業と週末の対応で完了できるとピーターは確信した。

ピーター　「わかりました。こんなのはどうですか。まず家に電話して、残業すると伝えます。家族の了解が得られたら、月曜日の朝までに作業を終わらせます。それならウィリーにも問題なく渡せます。ただ、そこから家に帰らせてもらって、水曜日に出社します。どうですか？」

これなら完ぺきに公正だ。ピーターは、残業すれば修正もドキュメントも終わるとわかっていた。そして、残業すると数日間は使いものにならないこともわかっていた。

結論

プロは頼まれたことすべてに「イエス」と言う必要はない。しかし、「イエス」と言えるような創造的な方法を懸命に探さなければいけない。プロが「イエス」と言うときには、確実に約束したとわかるような約束の言葉を使っている。

コーディング 第4章

　前著[1]では、**クリーンコード**の構造や本質について多くのことを述べた。本章では、コーディングの**活動**とそれを取り巻く状況について説明する。

　私が18歳の頃、キーボードの入力はできたのだが、キーを見ずに入力することができなかった。つまり、タッチタイピングができなかったのだ。ある日の晩、コーディング用紙に記入したプログラムを指を見ずに IBM 029 キーパンチで入力してみることにした。入力し終わったらカードを調べて、間違えたものは破棄するようにした。

　最初はミスが多かったが、夜が更けてくると、ほぼ完ぺきに入力できるようになった。その日の夜に、私はタッチタイピングに**自信**が持てるようになった。キーの配置は指が覚えていた。あとはミスをしないように練習しなければいけない。自信につながったのは、自分のミスが**わかる**ようになったからだ。ミスをするとすぐに気づいて、カードを見ずに取り出せるようになった。

　間違いに気づくのは重要なことだ。タイピングに限らず、あらゆることに当てはまる。間違

1　[Martin09]

75

第4章　コーディング

いに気づけるというのは、フィードバックループが高速に回っていて、間違いからすぐに学習しているということだ。IBM 029 を使っていた頃から、いくつもの規律を学習・習得してきた。習得の鍵となるのは、自信を身につけて、自ら間違いに気づくことである。

　本章では、私個人のコーディングの規則や原則について説明する。コードそのものではなく、コードを書くときの振る舞い・気分・態度のことだ。私の自信や間違いの気づきの原点がここにある。

　私の言うことに必ずしも賛成することはないかもしれない。これはとても個人的なものである。私の態度や原則に激しく反対する人もいるだろう。だが、それで構わない。誰にとっても絶対的な真理ではないからだ。これは、ある1人の男がプロのプログラマになったやり方だ。

　私のコーディング環境を学習・考察すれば、きっと私の手から小石を取ることができるだろう[2]。

準備

　コーディングというのは、知的でやりがいはあるが、とても疲れる活動だ。他の仕事では必要とされないようなレベルの集中力が必要になる。競合する要因を同時に扱わなければいけないからだ。

1. 君のコードは、正しく動かなければいけない。そのためには、解決する問題と解決方法を理解しなければいけない。解決策を忠実に反映したコードを書かなければいけない。言語・プラットフォーム・アーキテクチャの一貫性を確保しながら、現状のシステムの欠点と解決策の詳細をうまく管理しなければいけない。

2. 君のコードは、君に代わって顧客の問題を解決しなければいけない。顧客の要求では、問題が解決されないことがよくある。君が調査して、顧客と交渉して、本当のニーズに合わせなければいけない。

3. 君のコードは、既存のシステムに適合しなければいけない。システムの硬直性・ぜい弱性・不透明性を増やすものであってはいけない。依存性をうまく管理しなければいけない。つまり、コードは SOLID 原則[3]に基づいていなければいけない。

4. 君のコードは、他のプログラマが読みやすいものでなければいけない。コメントをうまく書くという話ではない。君の意図がわかるようにコードを書くということだ。実際にうまくやるのは難しい。プログラマが習得しなければいけないもののなかで、これが最も難しいことかもしれない。

2　訳注：デビッド・キャラダイン主演のテレビドラマ「燃えよ！　カンフー」で、主人公ケインが少林寺に入門するときに、館長から「私の手から小石を取ってみなさい。ここを去るのはこの石がつかめた時だ」と言われるシーンがある。

3　［Martin03］

76

準備

　以上のことをすべて行うのは難しい。集中力を長時間持続するのは生物学的に不可能だ。それに、チームや組織の仕事で気が散ったり、日常生活の問題に心を奪われたりすることもある。つまり、集中力が奪われる機会が多いということだ。

　集中できなければコードを間違えてしまう。バグが潜り込んでしまう。構造を間違えてしまう。不透明で複雑なものになってしまう。顧客の本当の問題を解決できなくなってしまう。つまり、コードにやり直しや手戻りが発生するということだ。集中力が欠けたまま仕事をすると無駄が発生する。

　疲労時や注意散漫のときには、**コードを書いてはいけない**。やり直しになるだけだ。注意散漫の原因を排除する方法を探して、心を落ち着かせよう。

午前3時のコード

　私の最悪のコードは午前3時に書いたものだ。私は、1988年にClear Communications社という電気通信のスタートアップ企業で働いていた。我々はみんな「スウェットエクイティ[4]」のために長時間働いていた。もちろん、金持ちを夢見ていたのだ。

　ある夜更けのこと（いや、3時だから朝に近いのかな）、イベントディスパッチシステムからメッセージを送るコードを書いていた（これを「メール送信」と呼んでいた）。これは**間違った解決策**だったが、午前3時にはすごくいいものに見えた。コーディングを18時間続けたあとだったから（週に60〜70時間働いていたのだ）、**いいとしか思えなかった**。

　長時間働いていると気分が爽快だったのを覚えている。なんだか**打ち込んでいる**感じがした。午前3時に働くのは、熱心なプロがやることだと考えていた。だが、全部間違っていた！

　それから何度もコードがかみついてきた。設計の構造が間違っているので、みんなが使うものなのに回避策が必要だった。奇妙なタイミングエラーやおかしなフィードバックループを引き起こしていた。あるメッセージが他のメッセージを送信して、そのメッセージがまた別のメッセージを送信して……という無限ループに陥ることもあった。この小さなゴミ（だと思っていたのだ）を書き直す時間はなかったが、なぜか回避用のパッチを書く時間はあった。午前3時に書いたコードは、問題や副作用がさらにひどいものとなった。数年後、私はチームの笑いの種になった。私が疲れたりイライラしたりしていると、みんなから「見ろよ！　ボブが自分にメールを送ろうとしてるぞ！」と言われたものだ。

　この話の教訓は「疲れているときにコードを書いてはいけない」ということだ。献身やプロ意識というのは、労働時間ではなく規律を守っているかどうかである。睡眠・健康・生活様式を調整して、1日に8時間は**満足のいく**時間を作らなければいけない。

4　訳注：労働力を提供して資産の一部を受け取ること。

77

第４章　コーディング

不安なコード

　配偶者や友人と大げんかをしたことはあるだろうか？　そんな状態でコードを書いたことはあるだろうか？　意識のバックグラウンドプロセスが問題を解決しようとしたり、ケンカの状況を思い出したりすることはないだろうか？　胸やおなかにあるバックグラウンドプロセスがストレスになることもある。コーヒーやダイエットコーラを飲みすぎると、なんだか気分が落ち着かない。気が散るのである。

　私も、妻との口論・顧客の緊急事態・子どもの病気などが気になると、意識を集中できなくなる。集中力には波がある。目は画面を向いているが、指がキーボードに乗ったまま動かない。固まっているのだ。

　マヒしているのだ。目の前のコーディングの問題よりも、バックグラウンドで処理している問題に心が奪われている。

　コードのことを無理やり**考える**こともある。1〜2行書くのに自分を奮い立たせるのだ。1〜2個のテストを成功させるのに苦労することもある。しかし、最後まで続かない。いつの間にかボーッとしていることに気づく。目は開いているのに何も見えていない。バックグラウンドの心配事に心がかき乱されているのだ。

　こんなときはコードを書く時間ではない。書いたコードはすべてゴミ箱行きになる。コードを書かずに心配事を解決しなければいけない。

　もちろん、1〜2時間で解決できるものは少ない。それに、個人的な問題に気を取られて仕事ができないことを、雇用主が許してくれるはずがない。ここでは、注意散漫の時間がずっと続かないように、バックグラウンドプロセスを中断する方法や優先度を下げる方法を学ぶとよいだろう。

　私の場合は、時間を区切るようにしている。バックグラウンドの心配事が消えないときは、コードを無理やり書くように自分を奮い立たせるのではなく、心配事を作り出している事柄に1時間ほど取り組んでみるのだ。例えば、子どもが病気ならば、家に電話して具合を聞いてみる。妻と口論していたら、電話で話し合ってみる。お金の問題なら、考える時間を作って解決方法を探してみる。1時間で解決できる問題ではないかもしれない。だが、心配事を減らすことで、バックグラウンドプロセスを静めることはできる。

　個人的な問題は個人の時間に取り組むようにしたい。オフィスでは恥ずかしいこともある。プロの開発者は、オフィスでの生産性をできるだけ高めるように、自分の時間をうまく配分している。つまり、オフィスで悩まないように、家で心配事を落ち着かせる時間を作っているのだ。

バックグラウンドの心配事がオフィスでの生産性を低下させていることに気づいたら、あとで捨てるような（最悪の場合、ずっと残ってしまうような）コードを無理やり書くよりも、心配事を静めることに時間を使ったほうがいい。

フローゾーン

「フロー」と呼ばれる生産性の高い状態について書かれたものが多い。プログラマのなかには「ゾーン」と呼ぶ者もいる。呼び方はどうであれ、聞いたことはあるだろう。プログラマの意識や視野が集中して、コードに入り込むような状態のことを指す。この状態は**生産性が高い**と感じる。この状態は**失敗しない**と感じる。だから、誰もがこの状態になりたいと願い、この状態にいる時間の長さで自尊心の大きさを測るのだ。

しかし、ゾーンから戻ってきた人は「ゾーンを避けろ」と言っている。ゾーンの集中状態は、生産性が高いわけではない。失敗を起こさないわけではない。理論的な能力やスピード感覚が落ちている軽いめい想状態なのだ。

このことを明らかにしておきたい。これからゾーンでコードを書くように**なる**だろう。TDDを実践していれば、レッド・グリーン・リファクタのループをより速く回すことになる。すると、軽い高揚感や征服感を**感じる**ようになる。問題は、ゾーンに入ると大局観を失ってしまうことだ。やり直しが必要な意思決定をしてしまうこともある。コードを書くのは速くなるかもしれないが、あとでやり直さなければならなくなる。

私はゾーンに入ったと感じたら、数分間ほど遠ざかるようにしている。メールの返信やツイートの閲覧で頭をすっきりさせる。お昼が近ければ昼食を食べる。チームで仕事をしていれば、ペアになるパートナーを探す。

ペアプログラミングの大きな利点は、ペアでゾーンに入るのは事実上不可能なことにある。ゾーンに入ると無口になるが、ペアプログラミングでは継続的なコミュニケーションが必要になる。ペアに関してよく聞く不満は、ゾーンに入れないというものだ。素晴らしい！　ゾーンは入るような場所では**ない**。

えーと、これは**完全**に真実なわけじゃない。時にはゾーンに行きたいこともある。例えば、**練習**しているときなどだ。だが、そのことについては他の章で触れることにしよう[5]。

5　訳注：第6章「練習」参照。

第4章　コーディング

音楽

　70年代終わりのことだが、Teradyne社で個人用のオフィスを持っていた。私はPDP-11/60のシステム管理者であり、専用の端末の使用を許された数少ないプログラマの1人だった。その端末とはVT100だ。自分のオフィスからコンピュータ室の天井まで25メートルのRS232ケーブルを引っ張って、PDP-11に9600ボーで接続していた。

　オフィスにはステレオセットを置いていた。古いターンテーブルとアンプとフロアスピーカーだ。レッド・ツェッペリンやピンク・フロイドなどの大量のレコードを持っていた。だいたいどんな状況かわかるだろう。

　ステレオをかけながらコードを書いたものだ。集中力を高めてくれると思っていたのだ。しかし、それは間違いだった。

　ある日、モジュールを見直すことがあった。それは、ピンク・フロイド「**ザ・ウォール**」のオープニングを聞きながら書いたものだった。コードのコメントには、曲の歌詞と爆撃機や泣き叫ぶ赤ん坊のことが書かれていた。

　衝撃を受けた。そのコードを読むと、解決する問題ではなく、作者（私）の音楽コレクションが学べるのだ。

　音楽を聴いているときはうまくコードが書けない。音楽は集中力を向上させてはくれない。音楽を聴くという行為は、クリーンでうまく設計されたコードを書くのに必要な心のリソースを消費する。

　もしかすると君は違うかもしれない。音楽がコードを書く**助け**になっているかもしれない。多くの人がイヤフォンをしながらコードを書いているのは知っている。彼らには音楽が役に立っているのだろう。しかし、音楽でゾーンに入ることが有効かどうかについては、私は疑問に思っている。

割り込み

　ワークステーションでコードを書いているときの自分を思い浮かべてみよう。誰かが質問をしたときにどのように答えているだろうか？　厳しい口調になっていないだろうか？　にらみ付けたりしていないだろうか？　忙しいからあっちへ行けというような身振りをしていないだろうか？　要するに、感じが悪くなっていないだろうか？

　自分の仕事を中断して困った人を手伝ってあげているだろうか？　自分が困ったときに手伝ってもらえるような態度で接しているだろうか？

　感じの悪い反応はゾーンと関係していることが多い。ゾーンから引きずり出されたり、ゾー

80

ンに入ろうとしていたのを邪魔されたりすると、不快に思うのだろう。いずれにせよ、感じの悪さはゾーンに関係しているのだ。

ただし、悪いのはゾーンではなく、集中力が必要なことを1人で理解しようとすることだ。これには解決策がいくつかある。

まず、ペアになれば、割り込みの対策に大いに役立つ。電話に出たり同僚からの質問に答えていたりしているときに、パートナーが問題の状況を覚えておいてくれるからだ。パートナーの元へ戻ると、割り込み前の心の状態をすぐに再構築できる。

TDDも大いに役立つ。失敗したテストはその状況を保持している。割り込みから戻ってきてから、失敗したテストを成功させるように再開すればいい。

結局のところ、気が散ったり時間を失ったりするような**割り込みは避けられない**ものだ。そのようなときは、次は自分が誰かの時間に割り込むかもしれないと考えよう。プロの態度は、親切に快く手伝ってあげることだ。

書きたいのに書けない

たまにコードが降りてこないことがある。私にも経験があるし、そういう人を何度か見てきた。ワークステーションの前に座っても何も起きないのだ。

そんなときは他の仕事をする。メールを読んだり、ツイートを読んだり、本やスケジュールや文書を眺めたり、会議を開いたり、誰かと会話を始めたり。ワークステーションに向かってコードが出てこないのを見なくて済むのなら、**何だってやる**。

何が妨害をしているのだろうか？　多くの要因についてはすでに述べた。私の場合は、睡眠が主な要因だ。睡眠時間が短いと、うまくコードを書けない。不安・心配・憂鬱なども要因になる。

変な話かもしれないが、これには簡単な解決策がある。ほぼ毎回うまくいっている。簡単にできるし、多くのコードを書く時間を提供してくれる。

解決策はこれだ。「ペアのパートナーを見つける」。

これが気持ち悪いほどうまくいく。誰かの隣に座ると、邪魔になっていた問題が消えていく。一緒に仕事をすると、**心理的な**変化が起きる。なぜだか私にはわからない。だけど、確かにそう感じるんだ。妨害を突破して先に進むような何らかの化学的な変化が、脳や身体に発生するのかもしれない。

これは完ぺきな解決策ではない。変化が1～2時間ほど続いて、あとからドッと疲れが出てくることがある。そうなると、ペアを解散して1人で回復しなければいけない。あるいは、誰かと一緒に座っていても、相づちしか打てないこともある。だが、基本的にはペアになると勢いがつくと思っている。

第4章　コーディング

創造的なインプット

　妨害を止める方法は他にもある。遠い昔、創造的なアウトプットは創造的なインプットによって決まるということを学んだ。

　私はたくさん読書をした。ソフトウェア・政治・生物学・天文学・物理学・化学・数学など、あらゆる分野の文献を読んだ。しかし、創造的なアウトプットに最も役立ったのは、SF だった。

　君にとっては違うものかもしれない。優れたミステリー小説・詩・ロマンス小説なのかもしれない。重要なのは、創造性が創造性を育むということだ。現実逃避の側面もある。現実の問題から遠ざかり、挑戦的で創造的なアイデアに刺激を受けているうちに、自分で何かを作らなければいけないという気持ちになる。

　ただし、あらゆるインプットが役に立つわけではない。私にはテレビはあまり役に立たない。映画のほうがまだマシだ。それもちょっとだけ。音楽を聴いてもコードを書く役には立たないが、プレゼン資料・講演・動画の制作には役立っている。私にとって最高のインプットは、古きよきスペースオペラだ。

デバッグ

　最悪のデバッグは 1972 年に起きた。チームスターの会計システムに接続した端末が、1 日に 1〜2 回もフリーズしていたのだ。しかし、これを再現する方法はなかった。エラーは特定の端末やアプリケーションで発生するものではなかった。直前のユーザの操作も関係なかった。端末がうまく動いていたかと思うと、突然フリーズしてしまうのだ。

　問題の調査には数週間かかった。チームスターは次第にいら立ちを表すようになった。端末がフリーズすると、他のユーザがタスクを終了するまで仕事を中断して待たなければいけなかった。

　最初の数週間は、中断された人たちにインタビューしてデータを集めた。中断されたときに何をやっていたか、その前は何をやっていたかを聞いた。他の人たちにも、フリーズしたときに**自分が使っている**端末に何か異変がなかったかを聞いた。インタビューは電話で行った。端末はシカゴの中心街にあり、我々はそこから 50 キロ北のトウモロコシ畑の近くで働いていたからだ。

　ログもない。カウンタもない。デバッガーもない。システム内部にアクセスする方法は、前面パネルのライトとトグルスイッチだけだった。コンピュータを一時的に停止して、メモリを 1 ワードだけ閲覧することはできた。しかし、5 分以上は続かなかった。チームスターがシステ

ムをバックアップするからだ。

数日かけて簡単なリアルタイムインスペクタを作り、コンソールとなる ASR-33 から操作した。これでシステムの稼動中にメモリをのぞき込んだり、データを書き換えたりできる。緊急時にはテレタイプにログメッセージを印字するようにした。イベントをカウントして状態履歴を保存するインメモリカウンタを作り、インスペクタからその状態履歴を見られるようにした。すべてアセンブラでスクラッチから書き上げて、システムが使用されない夜にテストした。

端末は割り込み駆動だった。端末に送信される文字は循環バッファに保持されていた。シリアルポートが文字を送信し終わったら割り込みが発生して、循環バッファの次の文字が送信可能になる。

ようやく端末がフリーズする原因がわかった。循環バッファを管理する 3 つの変数が同期されていなかったのだ。なぜ発生したのかはわからない。だが、少なくともこれが手がかりになる。5,000 行の制御コードのどこかにポインタの処理を間違えたバグがあるのだ。

この新しい知見によって、端末のフリーズを手動で回避できるようになった! インスペクタを使って 3 つの変数にデフォルト値を設定すると、端末が再び魔法のように動き始めたのだ。最終的には、カウンタが正しいかどうかを判断して、内容を修正するようなちょっとしたハックを施した。チームスターがフリーズしたと言ってきたら、フロントパネルにある特別なユーザ割り込みスイッチを押して、そのハックを起動する。それから修復ユーティリティを 1 秒に1 回実行する。

1 か月が経過すると、チームスターが気にするほどのフリーズはなくなった。端末が 0.5 秒ほど停止することもあったが、1 秒に 30 文字の速度なので誰も気づかなかった。

しかし、なぜカウンタは正しくなかったのだろうか? 私は 19 歳の若造だったので、原因を探してみることにした。

制御コードはリチャードが書いたものだった。彼は大学に行ってもういない。我々はそのコードのことをよく知らなかった。彼が誰にも触らせなかったからだ。コードは**彼のもの**だった。我々は何も知らせてもらえなかった。だが、今はもうリチャードはいない。分厚いリストを取り出して、1 ページずつ丹念に調べることにした。

循環バッファのデータ構造は FIFO だった。つまりキューだ。アプリケーションプログラムは、キューが一杯になるまで文字をプッシュする。プリンタの用意ができたら、割り込みヘッドがキューから文字をポップする。キューが空ならプリンタは停止する。今回のバグは、アプリケーションにはキューが一杯だと思わせて、割り込みヘッドにはキューが空だと思わせるものだった。

割り込みヘッドは他のコードとは違う「スレッド」で動いていた。両方のスレッドから操作するカウンタや変数は、並行更新が起こらないようにしなければいけない。つまり、3 つの変数を操作するコードでは、割り込みを停止すべきだったのだ。このコードを見るまでは、変数

第4章 コーディング

を操作しているコードを探すばかりで、割り込みのことを考えていなかった。

現在では、さまざまな強力なツールを使って、変数を操作するコードをすべて見つけることができる。数秒以内に該当するコードがわかる。数分以内に割り込みを停止していないコードがわかる。しかし、当時は1972年であり、そのようなツールは存在しなかった。あるのは自分の目だけだった。

コードのすべてのページから変数を探した。残念ながら変数は**あらゆる場所**で使用されていた。ほぼすべてのページで何らかの形で変数を操作していた。その多くは読み取り専用の参照だったので、割り込みを停止するようなものではないだろう。問題なのは、ロジックを追いかけなければ読み取り専用かどうかがわからないアセンブラだ。変数を読み取って、あとから値を更新するかもしれないからだ。割り込みが有効になったときにそれが発生すると、変数の値が変わる可能性がある。

この調査には数日かかったが、最終的に該当箇所を発見することができた。割り込みが有効になったときに、3つの変数のうち1つを更新しているコードがあったのだ。

確認のために計算をしてみた。このバグは2マイクロ秒の長さだった。十数台の端末が1秒間に30文字の速度で動いている。中断は約3マイクロ秒ごとに発生する。制御コードの大きさとCPUのクロック速度から、このバグによる1日のフリーズ発生回数を計算してみた。当たりだ！

もちろん問題は修正した。しかし、カウンタを自動修正するハックはそのままにしておいた。今でもなお、他に不具合がなかったと自信を持って言うことはできない。

デバッグの時間

ソフトウェア開発者は、デバッグの時間をコーディングの時間とは思っていない。デバッグの時間というのは**避けられない**生理的現象のようなものだと思っている。しかし、ビジネスにとっては、デバッグの時間はコーディングの時間と同じくらい高価なものである。したがって、デバッグの時間を減らすのはよいことなのだ。

10年前よりもデバッグにかける時間は少なくなった。計測しているわけではないが、だいたい10分の1くらいになったと思う。なぜこれほどまでに減ったのかというと、テスト駆動開発（TDD）を導入したからだ。TDDについては、あとの章で議論するつもりだ[6]。

TDDなどの規律[7]を導入するしないに関係なく、デバッグの時間を限りなくゼロに近づけるのはプロとしての義務である。ゼロというのは漸近的な目標だが、それでもゼロを目指すべきなのだ。

6　訳注：第5章「テスト駆動開発」参照。

7　TDDほど効果的な規律は他に知らないが、何かあるかもしれない。

84

医師はミスをした手術を再度やってみたいとは思わない。弁護士はミスをした訴訟を再度やってみたいとは思わない。ミスが多いとプロとは見なされないからだ。同様に、バグの多いソフトウェア開発者はプロではない。

自分のペースを保つ

ソフトウェア開発はマラソンだ。短距離走ではない。最初から速く走ればレースに勝てるというものではない。レースに勝つには、エネルギーを節約し、自分のペースを保つのだ。マラソンランナーは、レース前と**レース中**の身体に気をつけている。同様に、プロのプログラマは、エネルギーや創造性に気をつけている。

去り際を知る

問題が解決するまで家に帰れないのだろうか？　もちろん、帰ってもいい。むしろ帰るべきだ！　創造性や知性は、はかない。疲れたらどこかへ消えてしまう。夜中に働かない脳を酷使して何時間もかけて問題を解決しようとしても、ただ疲れるだけだ。車やシャワーなどの問題解決の機会も減ってしまう。

疲れてどうしようもなくなったら、しばらく離れてみるといい。創造的な潜在意識で問題を解決してみるのだ。リソースを節約するように気をつければ、より短い時間で、より少ない労力で、より多くのことができるようになる。自分のペースを保とう。チームのペースを保とう。創造性や頭がさえるパターンをつかんで、それに逆らうのではなく、それを生かしていこう。

車で家に帰る

私は、家に帰る車のなかで問題を解決している。車の運転には創造性とは異なる精神リソースが必要になる。目と手と心の一部を使わなければいけない。したがって、仕事の問題から**離れる**必要がある。これによって心を**解放**し、より創造的な方法で解決策を探せるようになる。

シャワー

私は、シャワー中に数々の問題を解決してきた。おそらく、朝一番に浴びる水のしぶきによって目が覚めて、睡眠中に脳が探し出したあらゆる解決策を再検討させてくれるのだろう。

第4章　コーディング

問題に近づきすぎて、選択肢が見えなくなることがある。視野が狭くなり、心の創造的な部分が抑えつけられ、優れた解決策を見逃してしまうのだ。問題解決の最善の方法は、家に帰って、食事をして、テレビを見て、ベッドに入って、朝起きて、シャワーを浴びることだったりする。

遅れ

遅れることも**あるだろう**。誰にでも起きることだ。どれだけ熱心にやっていたとしても、それは起きてしまう。見積もりが間違っていて遅れることもある。

遅れを管理する秘けつは、早期発見と透明性である。最悪なのは、ずっと間に合うと言い続け、最後になってみんなの期待を裏切ることだ。こんなことはしてはいけない。**定期的に**進捗を管理して、事実に基づいた3つの期日[8]（最早終了日・通常の終了日・最遅終了日）を求めよう。3つの期日はできるだけ正直に求めよう。**見積もりに願望を含めてはいけない！**　チームとステークホルダーに3つの値を見せよう。そして、毎日更新するのだ。

期待

これらの数値によって、締め切りに間に合わない**かもしれない**ことが判明した場合はどうすればいいだろうか？　例えば、10日後に展示会があるとしよう。展示会には製品を出展しなければいけない。しかし、機能に対する3つの見積もりが、それぞれ8/12/20だったとする。

10日ですべてが終わるという期待をしてはいけない！　期待はプロジェクトの殺し屋だ。期待は予定や評判をズタズタにする。期待を持てば、厄介な問題に引きずり込まれることになる。展示会が10日後で、見積もりが12日だとしたら、おそらく間に合わ**ない**だろう。チームとステークホルダーにこの状況を理解してもらおう。次善策ができるまで気を休めてはいけない。誰にも期待を持たせてはいけないのだ。

緊急対応

マネージャが期日に間に合わせるように言ってきたらどうするだろうか？　マネージャが「コレお願い！」と言ってきたらどうするだろうか？　**自分の見積もりを死守するのだ！**　君の見積もりは上司の見積もりよりも正確なのだ。上司には、その選択肢も検討したが、予定を前倒しにするにはスコープを削るしかないと伝えよう。**緊急対応をしようとしてはいけない。**

圧力に屈して期日を守って**みよう**とする哀れな開発者は、いつの日にか奇跡が起こるという

8　詳しくは第10章「見積もり」参照。

根拠のない希望を胸に抱き、手っ取り早い方法と余分な作業を選ぶであろう。これが大惨事の原因となる。君・チーム・ステークホルダーに偽りの期待を抱かせるからだ。問題を正しく把握できなくなり、必要な判断を遅らせてしまう。

緊急対応は無理だ。速くコードを書くことはできない。速く問題を解決することはできない。やってみようとしても、遅くなるだけだ。ぐちゃぐちゃになると、他の人の分まで遅くなってしまう。

だから、上司・チーム・ステークホルダーの期待には応えられないと答えるべきだ。

残業

上司は「毎日2時間ほど残業するっていうのはどう？　土曜日に出社してみるとか？　時間を絞り出せば期日に間に合うよ」などと言うかもしれない。

残業でうまくいくこともある。時には残業も必要だろう。1日に10時間働いて、土日に出社して、それで期日に間に合うこともある。だが、それは非常に危険だ。時間を20%増やしたからといって、仕事が20%多くできることは**確実**にない。さらには、2〜3週間も続けていれば、残業は機能しなくなる。

したがって、(1) 個人的に余裕がある場合、(2) 2週間以内など短い期間の場合、(3) 残業しても間に合わないときの次善策を上司が持っている場合、などの基準がなければ、残業に同意してはい**けない**。

最後の基準で交渉が難航するだろう。もし上司が次善策を明言しない場合は、残業に同意してはいけない。

ウソの伝達

プログラマが陥る行動のなかで最もプロとしてふさわしくないのは、作業が終わっていないのに終わったとウソをつくことだろう。これはあからさまなウソだ。最悪である。だが、目立たないウソもある。それは、自分勝手に「完了」の定義を作ろうとすることだ。**充分**にやったと勝手に納得して、次の作業に移ろうとするのだ。残った作業は時間のあるときに対応すればいいと、自分勝手に正当化するのである。

こうした行為は伝染する。1人のプログラマがやると、他のプログラマもそれを見てマネするようになる。誰かが「完了」の定義をさらに拡大すれば、他のみんなも新しい定義を採用する。この流れが最悪なところまでいったのを見たことがある。1人が「完了」を「チェックイン」と定義したのだ。つまり、コードが完成していなくてもいいということだ。これでは仕事をしていなくても簡単に「完了」できてしまう！

第4章　コーディング

チームがこの罠に落ちれば、マネージャはすべてがうまくいっていると勘違いしてしまう。進捗状況を見ても、全員が予定どおりに進んでいる。線路の上を目をつぶってピクニックしているようなものだ。未完成の仕事という貨物列車が近づいてくるのに誰も気づかない。気づいたときにはもう手遅れだ。

「完了」を定義する

「ウソの伝達」問題を避けるには、「完了」を定義することだ。最善の方法は、ビジネスアナリストやテスターに自動受け入れテスト[9]を作ってもらい、完了前にそのテストを成功させることだ。テストは、FitNesse・Selenium・Robot Framework・Cucumberなどのテスト言語で書く。これは、ステークホルダーやビジネスが理解できるものでなければいけない。また、高い頻度で実行しなければいけない。

ヘルプ

プログラミングは**難しい**。若い人には信じられないことかもしれない。if文やwhile文がたくさん並んでいるだけだからだ。しかし、経験を積んでいくと、if文やwhile文の組み合わせが重要だとわかるようになる。たくさん並べておいて、うまくいくように願うのはダメだ。システムを小さな理解しやすい単位に丁寧に分割し、できるだけお互いが結合しないようにしなければいけない。これが難しいのだ。

プログラミングはとても難しく、1人の人間の能力を超えている。どんなに能力があっても、他のプログラマの考えやアイデアが必ず役に立つ。

他の人を手伝う

したがって、プログラマはお互いに助け合えるようにしておかなければいけない。パーティションやオフィスに隠れて、他の人の質問に答えないというのは職業倫理に違反している。自分の時間で誰かを手伝うことができないほど重要な仕事をしているわけではないだろう。必要ならば手伝いを申し出るのがプロだ。

1人の時間が不要というわけではない。もちろんそれは必要だ。ただし、公正に礼儀正しく振る舞わなければいけない。例えば、10時から12時までは話しかけないで欲しいと周知しておき、13時から15時まではドアを開けたままにしておくといった具合だ。

9　第7章「受け入れテスト」参照。

チームの仲間の状況を意識すべきだ。困った状況になっている人がいたら手伝いを申し出よう。自分が大きな影響を及ぼせることに驚くだろう。それは君が誰よりも賢いわけではなく、新しい視点が問題解決の大きな触媒になるからだ。

誰かを手伝うときには、隣に座って一緒にコードを書く。時間は 30 分から 1 時間ほどがいいだろう。それより短いこともあるが、急いでいるように思われてはいけない。自分の作業を中断して、手伝いに集中しよう。与えたものよりも多くのことが学べるはずだ。

┃手伝ってもらう

手伝いを申し出てもらったらお礼を言おう。そして、喜んで手伝いを受け入れよう。**縄張り意識はいけない**。切羽詰まっているからと申し出を断ってはいけない。30 分程度の時間を空けよう。時間までに手伝いが役に立たなかったとしても、丁寧に状況を説明してお礼を言って終了しよう。忘れないで欲しいのは、手伝いを申し出なければいけないのと同じように、手伝いを受け入れなければいけないということだ。

手伝いを**お願いする**やり方を学ぼう。行き詰まっていたり、困惑していたり、問題がよくわからなかったりしたら、誰かに手伝いを求めよう。チームと一緒にいるならば、後ろを向いて「ちょっと手伝ってよ」と言おう。あるいは、Yammer・Twitter・メール・電話を使ってみよう。手伝いを求めるのだ。改めて言うが、これは職業倫理の問題だ。簡単に手伝ってもらえるのに 1 人で行き詰まっているというのはプロではない。

ユニコーンの後ろをフサフサのウサちゃんが飛び跳ね、みんなが希望と変化の虹を幸せそうに飛び越えるなかで、私が突然、**クンバヤ**[10]のコーラスを歌い始めると思っていたかもしれない。そんなことはしない。ご存じのように、プログラマは傲慢で自己中で内向的な**傾向**がある。人間が**好き**だからこの業界に入ったわけではない。**他の人**の面倒な複雑さとは関わらずに、どうでもいいような細かいことを深く気にしたり、さまざまな概念を同時に扱ったり、惑星規模の脳みそを持っていると証明したりするために、プログラミングをやっているのだ。

もちろんこれはステレオタイプな考えだ。例外はたくさんあるだろう。しかし、プログラマは他の人と協力しないことが多い[11]。協力は効果的なプログラミングに欠かせないものだ。協力は生まれ持った能力ではない。したがって、協力を働きかける**規律**が必要なのだ。

---

10 訳注：http://en.wikipedia.org/wiki/Kumbaya

11 これは女性よりも男性に多い。@desi（DevChix 創設者の Desi McAdam）から女性のプログラマのモチベーションに関する素晴らしい話を聞いたことがある。私が「プログラムを動かすというのは、どう猛な獣を手懐けるようなものだ」と言ったところ、彼女からは「周囲の女性たちは生き物を育てるようにコードを書いている」と返ってきたのだ。

第４章　コーディング

指導

　本書では指導について説明している章もあるので[12]、今は簡単に説明させて欲しい。経験の少ないプログラマを訓練するのは、経験豊かなプログラマの責任である。トレーニングコースではうまくいかない。書籍もうまくいかない。若いソフトウェア開発者が高いパフォーマンスをすぐに獲得するには、彼自身の意欲と先輩からの効果的な指導以外に方法はない。つまり、繰り返しになるが、シニアプログラマが時間をかけて若いプログラマを指導し、面倒を見るというのは、職業倫理なのである。同様に、若いプログラマには、プロとして先輩の指導を求めるという義務がある。

参考文献

[Martin09]　Robert C. Martin, *Clean Code*, Upper Saddle River, NJ: Prentice Hall, 2009. （ロバート・C・マーチン（著）、花井志生（翻訳）『Clean Code アジャイルソフトウェア達人の技』アスキー・メディアワークス）

[Martin03]　Robert C. Martin, *Agile Software Development: Principles, Patterns, and Practices*, Upper Saddle River, NJ: Prentice Hall, 2003. （ロバート・C・マーチン（著）、瀬谷啓介（翻訳）『アジャイルソフトウェア開発の奥義』ソフトバンククリエイティブ）

---

12 訳注：第 14 章「指導・徒弟制度・職人気質」参照。

テスト駆動開発　第5章

　この業界にテスト駆動開発（TDD）が登場して10年以上が過ぎた。最初はエクストリームプログラミング（XP）の波に乗ってやってきたが、スクラムなどほぼすべてのアジャイル方法論と組み合わせて利用されている。さらには、アジャイルではないチームもTDDを実践している。

　1998年に「テストファーストプログラミング」という言葉をはじめて聞いたときは懐疑的だった。みんなもそうだったはずだ。ユニットテストを先に書けだって？　誰がそんなバカなことをするんだ？

　それまでにプロのプログラマとして30年やってきた。この業界では、いろんなものが出てきては消えていく。自分がよくわからないものだからといって無視するのはよくない。ケント・ベックのような人物が言っているのならなおさらだ。

　というわけで、1999年にオレゴン州メドフォードへ向かい、直接ケントから規律を学ぶことにした。ここでの体験は衝撃的だった！

　彼のオフィスで簡単な問題をJavaで書くことになった。私はそんなものはすぐに書けると

第5章 テスト駆動開発

思ったが、ケントはそれを遮って、順番にプロセスを説明してくれた。まず彼は、小さなユニットテストを書いた。かろうじてコードと呼べる程度のものだ。それから、テストをコンパイルするのに最低限必要なコードを書いた。テストを少し書いては、コードを少し書いた。

こんなに短いサイクルは経験したことがなかった。それまではコンパイルや実行をする前に1時間はコードを書いていた。だが、ケントは30秒ごとにコードを実行していたのだ。ぶったまげたよ！

このサイクルはあれだ！ 子どもたち[1]がゲームのプログラミングに使っていた BASIC や LOGO などのインタプリタ言語と同じサイクルだ。インタプリタ言語にはビルド時間がないので、コードを書いたらすぐに実行できる。サイクルをすばやく回せる。だからこそ、こうした言語は生産性が**非常**に高いのだ。

しかし、**本物**のプログラミングのサイクルはそうはいかない。**本物**のプログラミングでは、コードを書くのに膨大な時間がかかり、それをコンパイルするのにまた時間がかかる。さらにはデバッグにも時間がかかる。**私は C++ プログラマ**だったが、**本当に最悪**だった！ C++ ではビルドとリンクに数分間かかっていた。ときには数時間かかることもあった。だから、30秒というサイクルは考えられなかった。

だが、ケントは30秒のサイクルで Java のプログラムを調理している。しかも一向にスピードが落ちる気配はない。だんだん私にもわかってきた。この簡単な規律を使えば、本物のプログラミング言語でも LOGO と同じサイクルでコードが書けるのだ。これはやめられない！

結論は出た

その後、TDD はサイクルを短くするだけの技法ではないことを学んだ。この規律にはさまざまな利点が存在する。そのことについて、これから説明しよう。

だが、その前にこれだけは言っておきたい。

- 結論は出た！
- 論争は終わりだ。
- GOTO は悪。
- TDD には効果がある。

---

1 ここで言う子どもというのは、その当時に35歳以下だった人たちのことだ。20代だった私は、こうしたインタプリタ言語を使って、宇宙戦争ゲーム・アドベンチャーゲーム・競馬ゲーム・ヘビゲーム・ギャンブルゲームといった他愛のないゲームをずっと作っていた。

TDD に関する議論は何年も続いていて、今でも多くのブログや記事で論争が行われている。最初は真面目に批判や理解を試みていたように思うが、今ではただの暴言だ。結論はもう出ている。TDD には効果があり、みんなが取り組まなければいけない。

一方的な押し付けと聞こえるかもしれない。しかし、証拠さえあれば、外科医は手洗いを拒否しないし、プログラマも TDD を拒否しないと思う。

自分のことをプロと呼ぶならば、すべてのコードが正常に動いていることを**把握**しなければいけない。すべてのコードが正常に動いていることを把握するには、変更時に毎回テストを実行しなければいけない。変更時に毎回テストを実行するには、広範囲を網羅する自動ユニットテストが必要だ。広範囲を網羅する自動ユニットテストを使うには、TDD を実践しなければいけない。

最後の文には補足が必要だろう。TDD とは、何だろうか？

TDDの3原則

1. 失敗するユニットテストを書くまでプロダクションコードを書いてはいけない。
2. テストを失敗させる目的以外でユニットテストを書いてはいけない。なお、コンパイルできないのも失敗に含まれる。
3. 失敗しているユニットテストが成功するまで他のプロダクションコードを書いてはいけない。

この3原則によって、おそらくサイクルが30秒になるだろう。最初に小さなユニットテストを書く。しかし、存在しないクラスや関数を使わなければいけないので、ユニットテストのコンパイルは失敗する。したがって、コンパイルができるようになるまでプロダクションコードを書かなければいけない。コンパイルができるようになったら、これ以上プロダクションコードは書けないので、再びユニットテストを書いていく。

こうしてグルグルとサイクルを回す。テストコードに少しだけ手を入れる。プロダクションコードに少しだけ手を入れる。2つのコードの流れが組み合わさり、コンポーネントへと成長していく。まるで抗体と抗原が結びつくかのように、テストがプロダクションコードと結びついていく。

93

第5章 テスト駆動開発

さまざまな利点

確実性

プロの規律として TDD を導入していれば、毎日数十個のテストを書くことになる。毎週だと数百個だ。1年間に数千個だ。すべてのテストを保持して、コードを変更したら毎回実行するのである。

私は、Java ベースの受け入れテストツール FitNesse[2]の作者兼メンテナである。本書執筆時点で、FitNesse のコードは6万4,000行だ。そのうち2万8,000行は、2,200個のユニットテストのコードである。テストはプロダクションコードの90%[3]を網羅し、すべてのテストを実行するには90秒かかる。

FitNesse に変更を加えるときには、最初にユニットテストを実行する。テストが成功すれば、他の部分を壊していないことがある程度は確信できる。「ある程度は確信できる」とは、どの程度の確信のことだろうか？ それは、出荷できる程度の確信だ！

FitNesse の QA のプロセスは、`ant release` コマンドである。このコマンドは FitNesse をビルドして、ユニットテストと受け入れテストをすべて実行する。すべてのテストが成功すれば出荷だ。

欠陥混入率

FitNesse はミッションクリティカルなアプリケーションではない。バグが含まれていても誰も死なないし、大金を失うこともない。だから、テストが成功すれば出荷できる。ただし、FitNesse には数千のユーザがいる。去年新しく追加されたコードは2万行だが、バグリストに追加されたバグはわずか17個だ（その多くが見た目の修正だ）。欠陥混入率は非常に低いと言える。

これはこのプロジェクトだけの効果ではない。これまでにも欠陥の大幅な低下に関する報告[4]や研究[5]が行われている。IBM・Microsoft・Sabre・Symantec といった企業やチームが、欠陥が1/2〜1/5、ときには1/10まで低下したと報告している。プロとしては見過ごせない数値だ。

---

2 `http://fitnesse.org`
3 90%は最低値である。実際はこれよりも大きい。カバレッジツールが外部プロセスや catch ブロックのコードを検知してくれないため、正確な数値の算出が難しいのだ。
4 `http://www.objectmentor.com/omSolutions/agile_customers.html`
5 ［Maximilien］、［George2003］、［Janzen2005］、［Nagappan2008］

94

勇気

ひどいコードを見たときに修正しないのはなぜだろうか？　汚い関数を目にしたら、「うわひどいな。キレイにする必要があるなあ」と言う。それから、「こりゃ触りたくないわ！」と言う。なぜだろうか？　コードを触ると壊す危険性があるとわかっているからだ。もしも壊れたら、自分の責任になってしまう。

だが、キレイにしてもコードが**決して壊れない**としたらどうだろう？　先ほど言ったような確信を持てるとしたらどうだろう？　ボタンをクリックして90秒以内に、**すべてがうまくいったとわかる**ならどうだろう？

これがTDDの最も強力な利点である。信頼できるテストがあれば、変更なんか怖くない。ひどいコードを見たら、その場でキレイにすればいい。コードは、シンプルな構造に安全に形を変えることのできる粘土になるのだ。

コードをクリーンにするのが恐くなくなれば、プログラマはコードをクリーンにするようになる！　クリーンコードは理解しやすい。変更しやすい。拡張しやすい。コードがシンプルになるので欠陥が減る。コードベースは、我々の業界が慣れ親しんだ腐敗の道ではなく、着実に**改善**の道を進んでいく。

プロのプログラマが腐敗を許せるだろうか？

ドキュメント

サードパーティのフレームワークを使ったことがあるだろうか？　テクニカルライターの書いたキレイなマニュアルが送られてくるのだ。8x10の写真27枚に丸だの矢印だのをつけて、設定だのデプロイだの操作方法だのフレームワークの説明が書いてある[6]。後ろには付録があって、サンプルコードが不格好に小さく載っている。

マニュアルで最初に見る場所はどこだろうか？　プログラマならサンプルコードを最初に見る。真実を伝えてくれるのはコードだとわかっているからだ。8x10の写真27枚に丸だの矢印だのをつけた説明は、見た目はよいかもしれないが、コードの使い方を知るにはコードを読みたい。

TDDの3原則に従って書いたユニットテストは、システムの使い方を説明したサンプルコードにもなっている。3原則に従えば、システムにあるオブジェクトの生成方法をユニットテストが説明してくれるようになる。あらゆる関数の呼び出し方を説明してくれるようになる。使い方を知りたければ、ユニットテストが詳細に説明してくれるのだ。

ユニットテストはドキュメントである。低レベルのシステム設計を説明したものだ。明確で正確で理解できる言語で書かれていて、おまけに実行もできる。低レベル用の最高のドキュメントだ。そんなドキュメントを提供しないプロがいるだろうか？

6　訳注：Arlo Guthrie の「Alice's Restaurant」の歌詞を参考にしていると思われる。

設計

TDD の 3 原則に従ってテストを書こうとするとジレンマに陥る。今から書きたいコードのことはすでに頭にある。だが、まだコードがないので、先にユニットテストを失敗させろと 3 原則に書いてある！　これはつまり、これから書くコードを先にテストしろということだ。

コードをテストする上で問題となるのは、コードを分離しなければいけない点だ。例えば、他の関数を呼び出している関数をテストするのは難しい。テストを書くには、その関数を他から切り離す方法を探さなければいけない。言い換えれば、テストファーストをするには、**優れた設計**について考えなければいけないということだ。

テストを先に書かなければ、複数の関数をテストのできない大きな塊に詰め込んでしまうことになる。あとからテストを書くとなると、大きな塊全体の入出力のテストならできるだろうが、個別の関数をテストするのは難しい。

つまり、3 原則に従ってテストを先に書けば、うまく疎結合した設計ができるようになる。優れた設計に導いてくれるツールを採用しないプロがいるだろうか？

「テストなんかあとで書けるよ」と言うかもしれない。だが、それは違う。あとで書くことはできないのだ。本当に。あとで書けるテストも**少し**はあるだろう。注意深く計測していけば、あとでカバレッジ率を高めることもできるだろう。だが、あとで書いたテストは**防御**なのだ。先に書くテストは**攻撃**である。あとで書くテストは、コードを書いた人や問題の解決方法を知っている人が書くものだ。こうしたテストは、先に書くテストほど鋭いものではない。

プロの選択

要するに TDD はプロの選択なのだ。確実性・欠陥混入率の低下・勇気・ドキュメント・設計を促進する規律だ。そこに向かって進むのであれば、それを使わないのは**プロではない**。

TDDは何ではないか

以上のように優れた点はあるが、TDD は宗教や魔法の手法ではない。TDD の 3 原則に従えば、これらの利点が保証されるというものでもない。テストを先に書いても、ひどいコードになることはある。ひどいテストを書くこともできる。

同様に、3 原則に従うのが非現実的で不適切なこともある。このような状況はごくまれなことだが、ないとも言い切れない。利点より害のほうが大きくても原則に従うというのは、プロの開発者ではない。

参考文献

[Maximilien] E. Michael Maximilien, Laurie Williams, "Assessing Test-Driven Development at IBM," `http://collaboration.csc.ncsu.edu/laurie/Papers/MAXIMILIEN_WILLIAMS.PDF`

[George2003] B. George, and L. Williams, "An Initial Investigation of Test-Driven Development in Industry," `http://collaboration.csc.ncsu.edu/laurie/Papers/TDDpaperv8.pdf`

[Janzen2005] D. Janzen and H. Saiedian, "Test-driven development concepts, taxonomy, and future direction," IEEE Computer, Volume 38, Issue 9, pp. 43-50.

[Nagappan2008] Nachiappan Nagappan, E. Michael Maximilien, Thirumalesh Bhat, and Laurie Williams, "Realizing quality improvement through test driven development: results and experiences of four industrial teams," Springer Science + Business Media, LLC 2008: `http://research.microsoft.com/en-us/projects/esm/nagappan_tdd.pdf`

練習 第6章

　あらゆるプロは、スキルを磨く練習をすることで、自分の技術を洗練させている。ミュージシャンはスケールを練習する。フットボールの選手はタイヤの上を走る練習をする。医者は手術や縫合の練習をする。弁護士は討論の練習をする。軍人は作戦の練習をする。パフォーマンスが重要であれば、プロは練習をするのである。本章では、プログラマの練習方法について説明する。

練習の背景

　ソフトウェア開発における練習は新しい概念ではない。ただし、2000年までは練習と思われていなかった。最初の練習用プログラムは、[K & R-C]の6ページ[1]に載っているものだろう。

1　訳注:『プログラミング言語C第2版』だと7ページに載っている。

第6章 練習

```
main()
{
    printf("hello, world\n");
}
```

　このプログラムを書いたことのない人はいないだろう？　新しい環境や言語を検証するときに使うプログラムだ。このプログラムを書いて実行できるのであれば、**どんな**プログラムでも書いて実行できるというわけだ。

　私が若かった頃、新しいコンピュータで最初に書くプログラムは SQINT（数値の 2 乗）だった。それをアセンブラ・BASIC・FORTRAN・COBOL などのさまざまな言語で書いた。自分で思ったことがコンピュータにできるかどうかの確認だった。

　80 年代の初めに、パーソナルコンピュータがデパートに登場した。VIC-20・Commodore-64・TRS-80 などの前を通るときは、画面に '\' や '/' などの文字を印字し続ける小さなプログラムを書いた。プログラムが生成するパターンを見るのは楽しかったし、パターンはそれを生成したプログラムよりもずっと複雑なものに見えた。

　こうした小さなプログラムが練習用のプログラムだが、当時のプログラマは基本的に**練習**をしなかった。誰もそんなことを思いつかなかったのだ。コードを書くのに忙しすぎて、スキルを鍛錬するという考えがなかった。そもそも重要ではなかったのだ。当時のプログラマには迅速な反応や器用な指は必要とされなかった。70 年代後半までスクリーンエディタはなかった。恐ろしく長いコードのコンパイルやデバッグの待ち時間に多くの時間を費やしていた。サイクルの短い TDD はまだ存在せず、練習などでスキルを調整する必要はなかった。

22個の0

　しかし、プログラミングは変わった。**大きく**変わったものもある。あまり変わらなかったものもある。

　最初にプログラムを書いたのは PDP-8/I だった。サイクルタイムは 1.5 マイクロ秒。コアメモリは 4,096 ワード（12 ビット）。冷蔵庫くらいの大きさがあり、かなりの電力を消費した。32K ワードを保存できるディスクドライブがあり、秒間 10 文字のテレタイプで通信できた。当時は**強力**なマシンだと思ったし、いろんな奇跡を起こすのに使った。

　先日、MacBook Pro を買った。2.8GHz のデュアルコア。メモリは 8GB。512GB の SSD。1920 × 1200 ピクセルの 17 インチ LED ディスプレイ。これをバックパックに入れて持ち歩いている。膝の上で使える。消費電力は 85 ワット未満。

　私の MacBook Pro は、PDP-8/I の 8,000 倍速く、メモリは 200 万倍、ストレージは 1,600 万

倍、消費電力は1%で、スペースも1%、値段は25分の1である。さあ、計算をしてみよう。

$$8,000 \times 2,000,000 \times 16,000,000 \times 100 \times 100 \times 25 = 6.4 \times 10^{22}$$

大きな数値だ。なんたって **10 の 22 乗**だ！　ここからアルファケンタウリまでのオングストロームの値だ。1ドル硬貨に含まれる電子の数だ。地球の質量分のマイケル・ムーアの人数だ。とってもとっても大きな数だ。それが私の膝の上にある。君も持っているかもしれない！

我々は22乗の力で何をしているのだろうか？　それが、PDP-8/I とほぼ同じことをしているのだ。**if** 文や **while** ループや**変数の代入**を書いている。

このような命令文を書くための優れたツールや言語は手に入った。だが、命令文の本質はあれから何ら変わっていない。2010 年のコードは 1960 年代のプログラマにも読めるだろう。我々がこねくり回している粘土は、40 年以上たってもさほど変わっていないのだ。

ターンアラウンドタイム

しかし、**働き方**は劇的に変わった。60 年代には、コンパイルの結果を見るのに 1〜2 日かかっていた。70 年代後半には、5 万行のプログラムのコンパイルに 45 分かかっていた。90 年代でも、ビルドには時間がかかるのが普通だった。

現代のプログラマはコンパイルを待つことがない[2]。レッド・グリーン・リファクタのループを数秒間で回せる強力なパワーが指の下にある。

例えば、私は FitNesse という 6 万 4,000 行の Java プロジェクトに関わっている。ユニットテストやインテグレーションテストを**すべて**含めても、ビルドには 4 分もかからない。これらのテストが成功すれば、プロダクトの出荷準備ができる。**つまり、ソースコードからデプロイまでの QA プロセスに 4 分しかかからない**ということだ。コンパイルには時間がかからない。テストには数秒しかかからない。だから、コンパイルとテストのループを **1 分間に 10 回**も回せるのだ！

常に速いのがいいわけではない。速度を落として**考える**ほうがいいこともある[3]。しかし、できるだけ速くループを回せば、それだけ生産性を**高める**ことができる。

何事も速くするには練習が必要だ。コードとテストのループを速く回すには、意思決定を速くしなければいけない。意思決定を速くするには、さまざまな状況や問題に精通し、その対処法を**把握**しておかなければいけない。

2 人の武術家が闘っているとしよう。相手の動きを数ミリ秒で把握して、適切に対処しなけ

---

2 プログラマがビルドを待たなければいけないのは、おそらく悲劇か不注意だろう。現代のビルド時間は、何時間単位ではなく、秒または分単位でなければいけない。

3 これは、リーチ・ヒッキーが HDD（ハンモック駆動開発）と呼ぶ技法である。

第 6 章　練習

ればいけない。状勢を把握したり、適切な対処法を見極めたりする時間はない。ただ**反応**しなければいけない。意識が高レベルの戦略で動いているときに反応するのは、**身体**である。

　コードとテストのループを 1 分間に何度も回していれば、何がうまくいくかは**身体**でわかるようになる。意識は高レベルの問題に集中しているが、状況を理解して数ミリ秒以内に適切な解決策で対処できるようになる。

　武術もプログラミングも、スピードは**練習**の成果である。その練習はどちらも似ている。問題と解決策からなる題目を選び、完全に習得するまで何度も実行するのだ。

　カルロス・サンタナのようなギタリストを考えてみよう。彼の頭にある音楽は彼の指を通じてやってくる。彼は、指の位置やピッキングの技法に集中しているわけではない。意識が高レベルのメロディやハーモニーを自由に生み出し、身体がそれを低レベルの指の動きへと変換しているのだ。

　このような演奏をするには、やはり**練習**が必要だ。ミュージシャンは、スケール・エチュード・リフを完全に習得するまで何度も練習する。

コーディング道場

　2001 年から**ボウリングゲーム**[4]という TDD の実演をしている。これは 30 分程度の簡単で楽しい練習である。設計上の衝突を経験し、クライマックスにかけて盛り上がり、驚きで終わる。［PPP2003］では、まるまる 1 章を使ってこの実例のことを書いている。

　何年もかけて、これを数百、いや数千回と実演した。おかげで**めちゃくちゃ上達したよ！**もう寝ながらでもできるよ。キーストロークを最短にして、変数名を変更して、アルゴリズムを調整して、コードは適切なものになった。その時点ではわかっていなかったが、これが私の最初の「型」だった。

　2005 年にイギリスのシェフィールドで開かれた XP2005 カンファレンスに参加して、ローレント・ボサビットとエマニュエル・ガイロットによる**コーディング道場**というセッションに参加した。みんなでラップトップを開き、TDD を使ってコンウェイの**ライフゲーム**のコードを一緒に書いた。彼らはそれを「型」と呼んでいた。このアイデアは、「達人」デイヴ・トーマス[5]によるものだ[6]。

　それから多くのプログラマが、練習に武術のメタファを取り入れた。「コーディング道場[7]」と

4　これは有名な「型」になった。Google で検索すると、さまざまな例が見つかるだろう。オリジナル版は、http://butunclebob.com/ArticleS.UncleBob.TheBowlingGameKata だ。

5　名前の前に「達人」とつけるのは、OTI 社の「ビッグ」デイヴ・トーマスと区別するためだ。

6　http://codekata.pragprog.com

7　http://codingdojo.org/

コーディング道場

いう名前もうまく当てはまっていると思う。プログラマのなかには、武術家のように一緒に集まって練習する者もいる。また、武術家がそうであるように、1人で練習することもある。

約1年前、オマハで開発者のグループを指導していたときに、お昼休みのコーディング道場に誘ってもらったことがある。20人の開発者が一斉にラップトップを開いて、リーダーが実演する**ボウリングゲーム**をそのとおりに打ち込むのだ。

道場で開催されるものにはさまざまな種類がある。いくつかここで紹介しよう。

型

武術における**型**とは、闘いの場面を想定した動きである。その目標は、漸近的なものではあるが、型と完全に一致することだ。武術家は、型と完全に一致するように身体を動かし、個々の動きが全体としてなめらかになることを目指す。うまく演じられた型は、見た目も美しい。

しかし、型を学ぶ目的は、人前で披露することではない。心と身体を鍛えて実戦で反応できるようにすることだ。必要になったときに完全な動きが自動的にできるというのが、最終的な目標である。

プログラミングの型というのは、プログラミングの問題を解くためのキーボードやマウスの動きの練習である。実際に問題を解くわけではない。解き方はすでにわかっている。問題を解きながら身体の動きや意思決定の練習をするのである。

ここでも完全に限りなく近づくことが目標となる。脳や指に動きや反応を覚えさせるために、何度も練習するのだ。練習するうちに、自分の動きや解決策が少しずつ改善・効率化されることに気づくだろう。

型を使った練習は、ホットキーや操作のイディオムの学習に適している。TDDやCI（継続的インテグレーション）などの規律の学習にも優れた方法である。そして、最も重要なのは、よくある問題と解決策の組み合わせを潜在意識に植えつけることで、現実のプログラミングの問題解決方法がわかるようになるということだ。

武術家のようにプログラマは複数の型を知り、定期的に練習することで、記憶に残るようになる。型の多くは、http://katas.softwarecraftsmanship.org にある。他にも、http://codekata.pragprog.com で公開されている。私が好きなのは以下だ。

- **ボウリングゲーム**：http://butunclebob.com/ArticleS.UncleBob.TheBowlingGameKata
- **素因数分解**：http://butunclebob.com/ArticleS.UncleBob.ThePrimeFactorsKata
- **ワードラップ**：http://thecleancoder.blogspot.com/2010/10/craftsman-62-dark-path.html

103

第6章　練習

実戦に向けて型を学んで欲しい。上達すれば音楽に合わせてできるようになる。これをうまくやるのは**難しいぞ**[8]。

技

以前、柔術を学んだとき、道場では2人組になって**技**の練習ばかりやっていた。技というのは2人でやる型のようなものだ。決まった動作を正確に覚えて再現する。1人が攻撃して、もう1人が防御する。このような動作を、役割を入れ替えながら何度も何度も繰り返す。

プログラマもこれと同じ練習ができる。**ピンポンゲームを使うのだ**[9]。まず、2人で型または簡単な問題を選ぶ。次に、1人がユニットテストを書き、もう1人がテストを成功させる。そして、役割を交代する。

パートナーが標準的な型を選んだ場合は、結果はあらかじめわかっているので、お互いのキーボードやマウスの動きを批評し合ったり、型をどれだけ覚えているかを確認したりするなどの練習ができる。パートナーが新しい問題を選んだ場合は、少しゲームがおもしろくなる。テストを書くプログラマが、問題解決の方法を大きく制御できる。制約を設定することもできる。例えば、ソートアルゴリズムの実装を選んだ場合は、速度やメモリ容量などの制約をパートナーに課すことができる。これはゲームを熱くするし、何より楽しい。

乱取り

乱取りは技を自由に掛けあうことである。私の通っていた柔術の道場では、さまざまな闘いのシナリオを実演することになっていた。例えば、みんなで順番に1人に攻撃を仕掛けたり、2人で同時に1人に攻撃を仕掛けたりする（先生が防御すると1人でも勝ってしまう）。2対2でやることもあった。

このような闘いのシミュレーションをプログラミングに当てはめるのは難しい。しかし、多くのコーディング道場で「乱取り」と呼ばれるゲームが行われている。2人組でパートナーが問題を解く「技」とよく似ているが、こちらは参加人数が多く、ルールも少し変更されている。まず、プロジェクタに画面を映す。次に、1人がテストを書く。そして、次の人がテストを成功させて、次のテストを書く。これを順番にやっていくのだ。こうした練習は**すごく楽しい**。

ここから学べることはすごく多い。他の人が問題を解く様子がよくわかるからだ。それによって、自分のやり方を改善し、スキルを向上させられる。

8　http://katas.softwarecraftsmanship.org/?p=71

9　http://c2.com/cgi/wiki?PairProgrammingPingPongPattern

経験を広げる

　プロのプログラマは、問題の多様性の少なさに苦しむことが多い。雇用主は1つの言語・プラットフォーム・ドメインでプログラマを働かせようとする。これでは、職務経歴書やものの見方が不健全に狭められてしまう。そのようなプログラマは、定期的に訪れる業界の大きな変化に自分が対応できなくなると思っている。

オープンソース

　時代に取り残されないようにするには、弁護士や医者と同じようなことをすればいい。オープンソースプロジェクトで無償の貢献をするのだ。プロジェクトの数は多い。スキルのレパートリーを増やすには、誰かが関心を持つことを実際にやるより他にないと思う。

　もし君が Java のプログラマであれば、Rails のプロジェクトに貢献してみよう。仕事で C++ を使っていたら、Python のプロジェクトを探して貢献してみよう。

練習の倫理

　プロのプログラマは自分の時間に練習する。自分のスキルを磨くのは雇用主の仕事ではない。職務経歴書を磨くのは雇用主の仕事ではない。医者に縫合の練習をさせるために患者はお金を払っているのではない。フットボールのファンは、タイヤを使った練習を見に来ているわけではない。コンサートに行く人は、スケールの練習を聞きに来ているわけではない。したがって、プログラマの雇用主は、練習時間にお金を払う必要はない。

　練習時間は自分の時間なので、仕事と同じ言語やプラットフォームを使う必要はない。好きな言語を選んで、数か国語のスキルを磨いていこう。.NET の会社で働いていたら、お昼休みや家では Java や Ruby を練習しよう。

結論

　すべてのプロは、何らかの形で練習をしている。できる限り最高の仕事をしようとしているからだ。また、練習は自分の時間で行っている。スキルを磨くのは自分の責任であり、雇用主の責任ではないとわかっているからだ。練習というのは、給料が支払われ**ない**ときにやるものだ。そうすれば、**いつかよりよい給料へとつながる**のだ。

参考文献

[K & R-C]　　Brian W. Kernighan and Dennis M. Ritchie, *The C Programming Language*, Upper Saddle River, NJ: Prentice Hall, 1975.（石田晴久（翻訳）『プログラミング言語C 第 2 版』共立出版）

[PPP2003]　　Robert C. Martin, *Agile Software Development: Principles, Patterns, and Practices*, Upper Saddle River, NJ: Prentice Hall, 2003.（ロバート・C・マーチン（著）、瀬谷啓介（翻訳）『アジャイルソフトウェア開発の奥義』ソフトバンククリエイティブ）

受け入れテスト 第7章

　プロの開発者は、開発以外にもコミュニケーションを担当しなければいけない。ガベージイン／ガベージアウトはプログラマにも当てはまる。プロのプログラマは、チームメンバやビジネスとの会話を正確にかつ順調に運ぶものである。

要求のコミュニケーション

　プログラマとビジネスのコミュニケーションで問題となるのは要求である。ビジネスは自分が必要だと思うものを説明する。プログラマはビジネスが説明したと思っているものを作る。少なくともこれでうまくいくはずだ。しかし、要求の伝達は非常に難しく、常に間違いを犯してしまうものである。

　1979 年に Teradyne 社で働いていた頃、現場マネージャのトムが訪ねてきた。簡単なトラブルチケットシステムを作りたいので、ED-402 の使い方を教えて欲しいと言う。

　ED-402 というのは、Teradyne 社の PDP-8 クローンである M365 のテキストエディタだ。とても強力なテキストエディタだった。スクリプト言語を内蔵しており、さまざまなテキストアプリケーションに使われていた。

トムはプログラマではない。だが、彼の考えているアプリケーションは簡単なものなので、私が少し教えれば自分で作れると思ったようだ。私も少なからずそう思っていた。そのスクリプト言語にしても編集コマンドのマクロに毛が生えたようなもので、ごく初歩的な条件やループが記述できる程度のものだったからだ。

隣に座ってどんなアプリケーションが欲しいのかと聞いた。彼は初期画面から作りたいと言った。私は、スクリプトを保存するテキストファイルの作り方と、編集コマンドのシンボルの入力方法を教えてあげた。だが、彼の目はこちらを見ていない。彼には私の説明が理解できなかったのだ。

私にははじめての経験だった。編集コマンドのシンボルなんて簡単だと思っていた。例えば、control-B コマンド（カーソルを現在行の先頭に移動するコマンド）は、スクリプトファイルに ^B と記述する。しかし、これがトムにはわからなかった。自分でファイルを編集することと、ファイルを編集するファイルを編集することの違いがわからなかったのだ。

トムはバカではなかった。思ったよりも難しいことだと察知したのだ。そして、エディタでエディタを操作するという複雑なことに、自分の時間や精神力を使いたくないと考えたようだ。

少しずつ私がアプリケーションを実装するようになった。彼は、隣に座ってその様子を見ていた。20 分経過すると、彼が作り方を学ぶのではなく、**私**が**彼**の欲しいものを作っていた。

作業は丸一日かかった。彼が機能を説明して、私が実装する。彼がその様子を見る。サイクルが 5 分以下だったので、彼は席を立たずにずっと隣にいた。彼が X を依頼すると、私が 5 分以内に X を実装した。

彼は、自分の欲しいものを紙に描いていた。ED-402 では実現が難しいものもあったが、そんなときは私が代替案を提案した。それで問題がなさそうであれば、2 人で合意して、私が実装した。

しかし、それを作っていると、彼の考えが変わるのだ。そして、「こういう感じじゃないんですよねえ。他のを試してみましょう」などと言う。

そのようにして、何時間もあれやこれやいじくり回して、アプリケーションを少しずつ調整していった。あれを試してみたり、これを試してみたり、それを試してみたり。**彼**が彫刻家で、私は彼の操る道具だ。そのことが次第にわかってきた。

最終的に、彼が求めているアプリケーションが完成した。ただし、彼は自分で作る方法はわからないままだ。私は、顧客がどのようにニーズを発見するのかがわかった。顧客が描いている機能は、実際にコンピュータに触れると変化するのだ。

要求のコミュニケーション

早すぎる詳細化

　ビジネスもプログラマも「早すぎる詳細化」の罠に陥りがちだ。ビジネスは、プロジェクトを承認する前に、これから手に入れるものを正確に知りたいと思う。開発者は、プロジェクトを見積もる前に、これから開発するものを正確に知りたいと思う。どちらもできるはずのないことを詳細化しようとして、コストを無駄にしているのだ。

不確定性原理

　問題は、紙に書かれたものと実際に動くシステムが違うことだ。仕様どおりに実装されたシステムを見ると、ビジネスは自分の欲しかったものじゃないと言う。要求が実際に動いているのを見ると、もっとよいアイデアが浮かんでくる。そして、それは目の前にあるものじゃない。

　これには、観察者効果（あるいは不確定性原理）が影響している。動いている機能をビジネスに見せると、新しい情報を与えたことになる。そして、その新しい情報は、システムの見方に影響を与える。

　つまり、要求を詳細化していくと、開発中のシステムとかけ離れていくのだ。

見積もりの不安

　開発者も詳細化の罠に陥ることがある。システムをもっと正確に見積もらなければいけないと思っているのだ。だが、正確に見積もることなどできない。

　まず、完全な情報を持っていても、見積もりにはバラツキがでる。次に、不確定性原理によって、早すぎる詳細化は無効にされている。要求は**変化**するので、詳細化は現実的ではないのだ。

　プロの開発者は、精度の低い要求からでも見積もりは可能であり、見積もるべきであることを理解している。また、見積もりは**見積もり**であることもわかっている。見積もりには必ずエラーバー（誤差範囲）を設けて、ビジネスにその不確実性を理解してもらっている（第10章「見積もり」参照）。

後期の曖昧性

　早すぎる詳細化の解決策は、詳細化をできるだけ遅らせることである。プロの開発者は、開発に着手するまで要求を詳細化しない。ただし、「後期の曖昧性」という別の問題が浮上する。

　ステークホルダーはよく反対をする。問題を解決するのではなく、ただ**難癖**をつけるのだ。しっかりと議論するのではなく、みんなが合意できるような表現に変えるだけのこともある。

109

第 7 章 受け入れテスト

トム・デマルコが、「要求文書の曖昧性は、ステークホルダーの議論を表している[1]」と言っていた。

　もちろん、曖昧性を生み出すために議論や意見の不一致があるのではない。文書の意図を読み手が理解してくれるだろうと期待しているだけのこともある。

　書き手の文脈では意図は明白なのかもしれない。しかし、それを読むプログラマにとっては、意味がまったく違ったものになってしまう。文脈の曖昧性は、顧客とプログラマが話をするときにも発生する。

サム（ステークホルダー）　「このログファイルはバックアップしないとだね」

ポーラ　「バックアップの頻度は？」

サム　「日次でお願い」

ポーラ　「了解。どこにバックアップする？」

サム　「どういう意味？」

ポーラ　「どこかのディレクトリに保存する？」

サム　「そうだね。それがいい」

ポーラ　「名前は何にする？」

サム　「backup はどう？」

ポーラ　「了解。backup ディレクトリにログファイルを日次で書き込むわけね。それで、いつにする？」

サム　「毎日だね」

ポーラ　「いや、そうじゃなくて。書き込む時刻は何時にする？」

サム　「いつでもいいよ」

ポーラ　「正午とかは？」

サム　「営業時間中はダメだね。夜の 12 時のほうがいい」

ポーラ　「了解。夜の 12 時ね」

サム　「よかった。ありがとう！」

ポーラ　「どういたしまして」

ポーラは、チームメンバのピーターに作業をお願いした。

ポーラ　「ログファイルを backup ディレクトリに毎日夜 12 時にコピーしておいて」

ピーター　「ファイル名は何にします？」

ポーラ　「log.backup はどうかな」

ピーター　「了解です」

1　2000 年 3 月「XP Immersion（XP 集中講義）3」http://c2.com/cgi/wiki?TomsTalkAtXpImmersionThree

110

別のオフィスでサムが顧客と電話をしている。

サム	「ええ、ええ、ログファイルは保存します」
カール	「ログは命ですからね。失うわけにはいきません。1か月や1年が過ぎても、たとえ障害や事件や紛争があっても、すべてのログファイルを戻せるようにしておきたいのです」
サム	「お任せください。先ほどポーラに伝えました。backup というディレクトリに毎日夜12時にログファイルを保存してくれます」
カール	「それは頼もしい」

曖昧性に気づいたかもしれない。顧客はすべてのログファイルを保存したいと思っているが、ポーラは昨夜のログファイルを保存すればいいと思っている。顧客が数か月分のバックアップを探そうとしても、昨夜のものしかないということになる。

ここでは、ポーラとサムがヘマをした。プロの開発者（およびステークホルダー）は、要求から曖昧性を確実に排除しなければいけない。

これは難しいことである。私の知る限り、これを解決する方法は1つしかない。

受け入れテスト

「受け入れテスト」という言葉は、さまざまな意味で用いられている。リリース前に顧客が実行するテストだという人もいれば、QAテストのことだと思っている人もいる。本章で使う受け入れテストとは、**要求の完了を定義する**ために、ステークホルダーとプログラマが協力して書くテストのことである。

「完了」の定義

ソフトウェアのプロとしてよく目にするのは「完了」の曖昧性である。開発者が作業を終えたと言ったら、それは何を意味しているだろうか？　機能をデプロイする準備が完ぺきにできたということだろうか？　QAの準備ができたということだろうか？　作り終わって一度だけ実行したが、まだテストしていないということだろうか？

以前、一緒に働いたチームでは、「完了」と「完成」を使い分けていた。「完了」と「完全完了」を使い分けているチームもあった。

プロの開発者にとって、「完了」の定義は1つだけだ。「完了」は**完了**である。完了とは、すべてのコードを書き終え、すべてのテストが成功し、QAと関係者が受け入れたものを意味する。完了。

第 7 章　受け入れテスト

　しかし、このレベルの「完了」を実現し、イテレーションをすばやく進めていくには、どうすればいいのだろうか？　自動テストを一式作って、テストを成功させればいいのだ。それで上記の条件をすべて満たせる！　受け入れテストが成功したら、**完了**だ。

　プロの開発者は、要求定義と自動受け入れテストをつなげている。自動テストが完了の条件を完全に満たせるように、ステークホルダーや QA と一緒に話し合うのだ。

サム　　　「このログファイルはバックアップしないとだね」

ポーラ　　「バックアップの頻度は？」

サム　　　「日次でお願い」

ポーラ　　「了解。どこにバックアップする？」

サム　　　「どういう意味？」

ポーラ　　「どこかのディレクトリに保存する？」

サム　　　「そうだね。それがいい」

ポーラ　　「名前は何にする？」

サム　　　「backup はどう？」

トム（テスター）　「ちょっと待ってください。backup だと汎用的すぎます。このディレクトリに保存したいものは何ですか？」

サム　　　「バックアップだよ」

トム　　　「何のバックアップですか？」

サム　　　「ログファイルのバックアップだよ。複数あるんだ」

ポーラ　　「ログファイルは 1 つよ」

サム　　　「違うよ。複数だよ。1 日に 1 個」

トム　　　「つまり、**使用中**のログファイルが 1 つと、過去のログファイルが複数あって、それらをバックアップに保存するということですか？」

サム　　　「そのとおり」

ポーラ　　「えっ！　使用中のファイルだけでいいと思ってた」

サム　　　「違うよ。顧客はすべてを残したいんだよ」

ポーラ　　「それは初耳。了解。よくわかったわ」

トム　　　「ディレクトリの名前は、中身がわかりやすいものだといいですね」

サム　　　「古くて使っていないログを入れるわけだから……」

トム　　　「old_inactive_logs はどうですか」

サム　　　「いいね」

トム　　　「ディレクトリはいつ作ります？」

サム　　　「は？」

112

受け入れテスト

ポーラ 「ディレクトリが存在しない場合は、システム起動時にディレクトリを作らなければいけないの」

トム 「了解。最初のテストはこうですね。システムを起動して、old_inactive_directory が作成されているかを確認する。ディレクトリにファイルを追加する。シャットダウンして再起動する。それで、ディレクトリとファイルがあればいいわけですね」

ポーラ 「そのテストだと時間がかかりすぎるわ。システムの起動には 20 秒かかってるし、これからも長くなると思う。それに、受け入れテストを実行するたびにシステム全体をビルドし直したくはないし」

トム 「どんな風にすればいいですか？」

ポーラ 「 SystemStarter クラスを作りましょう。このクラスをメインプログラムから StartupCommand オブジェクトと一緒に読み込むの。これはコマンドパターンを実装したものね。システムの起動中に SystemStarter から StartupCommand オブジェクトをすべて実行すると、そのうちの 1 つがディレクトリが存在しないときにだけ、old_inactive_logs ディレクトリを作ってくれるの」

トム 「その StartupCommand をテストすればいいわけですね。FitNesse の簡単なテストなら私にも書けます」

トムはホワイトボードに向かった。

トム 「最初の部分はこんな感じですね」

given the command LogFileDirectoryStartupCommand
（前提 LogFileDirectoryStartupCommand コマンドがある）
given that the old_inactive_logs directory does not exist
（前提 old_inactive_logs ディレクトリが存在しない）
when the command is executed
（もし コマンドを実行した）
then the old_inactive_logs directory should exist
（ならば old_inactive_logs ディレクトリが存在すること）
and it should be empty
（かつ ディレクトリが空であること）

トム 「次の部分はこんな感じです」

given the command LogFileDirectoryStartupCommand
（前提 LogFileDirectoryStartupCommand コマンドがある）

113

第7章　受け入れテスト

```
given that the old_inactive_logs directory exists
（前提 old_inactive_logs ディレクトリが存在する）
and that it contains a file named x
（かつ ディレクトリにファイル x が存在する）
When the command is executed
（もし コマンドを実行した）
Then the old_inactive_logs directory should still exist
（ならば old_inactive_logs ディレクトリが存在すること）
and it should still contain a file named x
（かつ ファイル x が存在すること）
```

ポーラ　「これで網羅できていると思うわ」

サム　　「うわ、こんなに必要なの？」

ポーラ　「どちらかが不要ってこと？」

サム　　「いや、テストを書くのにいろいろやることがあるんだなと思って」

トム　　「そうですね。でも、手動のテスト計画よりはマシですよ。手動テストを何度も実行するほうが**ずっと**大変です」

コミュニケーション

受け入れテストの目的は、コミュニケーション・明確性・正確性だ。これらに合意することで、開発者・ステークホルダー・テスターが、システムの振る舞いを理解できる。システムの振る舞いを明確にするのは、全員の責任である。プロの開発者は、これから何を作るのかがステークホルダーやテスターにもわかるように、一緒に話し合う責任がある。

自動化

受け入れテストは**常に**自動化しなければいけない。ソフトウェアには手動のテストが必要なところもあるが、**このような**テストは手動でやってはいけない。理由は単純で、コストがかかるからだ。

図7-1を見て欲しい。ここに写っている手は、大手インターネット企業の QA マネージャのものである。その手に握られた文書は、**手動テスト計画の目次**だ。オフショアに手動テストの部隊がいて、テスト計画を 6 週間ごとに実行している。毎回 1 億円ほどコストがかかる。彼が私にこれを差し出してきた。会議でマネージャから予算を 50% 削減すると言われたそうだ。そして、「ここからテストしなくてもいいものを半分選んでください」と言った。

これを災害と呼んでも言いすぎではないだろう。手動テスト計画を実施するコストがあまり

受け入れテスト

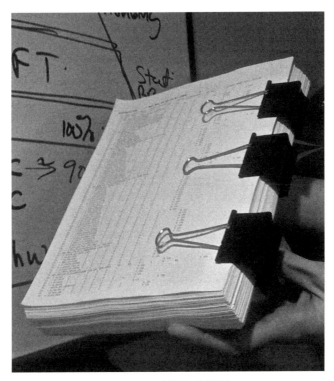

図 7-1　手動テスト計画

にも高いので、プロダクトの半分が正しく動作しているかを把握しなくてもいいというのだ！

　プロの開発者ならば、このような状況には決してしない。自動受け入れテストは手動テストよりもコストが低く、人間に実行させるスクリプトを書くのは経済的に意味がない。プロの開発者は、受け入れテストを自動化するのも自分の責任と考える。

　オープンソースや商用のものを含めると、受け入れテストの自動化を助けるツールが数多く存在する。少し挙げるだけでも、FitNesse・Cucumber・cuke4duke・Robot Framework・Selenium などがある。これらのツールは、プログラマ以外にも読めて、理解できて、さらには自分で書けるような形式を使って、自動テストの仕様を決めることができる。

余分な仕事

　サムの指摘はよくわかる。確かに受け入れテストを書くのは大変そうに**見える**。しかし、先ほど見た図 7-1 と比較すれば、決して大変なことではない。テストを書くというのは、システムの仕様を決めることである。このレベルの詳細は、我々プログラマが「完了」を知る唯一の方法だ。このレベルの詳細は、ステークホルダーが代金を支払ったシステムの動作を確認する

115

第 7 章　受け入れテスト

唯一の方法だ。このレベルの詳細は、テストをうまく自動化する唯一の方法だ。だから、こうしたテストを余分な仕事とは思わないで欲しい。時間とお金を節約する強力な存在だと思って欲しい。これらのテストによって、間違ったシステムの実装を防ぐことができ、「完了」したことが**わかる**ようになるのだ。

誰がいつ受け入れテストを書くのか？

　理想の世界では、ステークホルダーと QA が協力してテストを書き、開発者がテストに矛盾がないかをレビューする。現実の世界では、詳細なレベルのテストを書く時間や動機はステークホルダーにはない。そのため、ビジネスアナリスト・QA・開発者に責任を委譲することになる。ただし、開発者がテストを書く場合は、実装者以外がテストを書くようにする。

　通常は、ビジネスアナリストがテストの正常系を書く。正常系のテストはビジネス価値を持つ機能を表したものだからだ。そして、QA が異常系のテストを書く。異常系とは、境界条件・例外・コーナーケースなどのことだ。うまくいかないことを考えるのが QA の仕事だ。「後期の詳細化」の原則に従って、受け入れテストはできるだけ遅く書くべきである。機能を実装する数日前がいいだろう。アジャイルプロジェクトでは、機能が次のイテレーションやスプリントに選ばれた**あと**で、その機能のテストを書くことになる。

　イテレーションが始まるまでに、最初の受け入れテストを準備しておかなければいけない。また、イテレーションの中間地点までに、受け入れテストを毎日少しずつ完成させておかなければいけない。中間地点までにすべてのテストを完成できなければ、開発者も手伝うようにする。遅れが何度も発生するようであれば、チームにビジネスアナリストや QA を増員する。

開発者の役割

　受け入れテストの準備ができたら、機能の実装を開始する。開発者は受け入れテストを実行して、どのように失敗するかを確認する。それから、受け入れテストをシステムに接続して、テストが成功するように、求められる機能を実装していく。

ポーラ　　　「このストーリーを手伝ってもらえる？」
ピーター　　「いいですよ。どんなのですか？」
ポーラ　　　「これが受け入れテストなんだけど、今はまだ失敗してるの」

```
given the command LogFileDirectoryStartupCommand
```
（前提 LogFileDirectoryStartupCommand コマンドがある）

```
given that the old_inactive_logs directory does not exist
```
（前提 old_inactive_logs ディレクトリが存在しない）
```
when the command is executed
```
（もし コマンドを実行した）
```
then the old_inactive_logs directory should exist
```
（ならば old_inactive_logs ディレクトリが存在すること）
```
and it should be empty
```
（かつ ディレクトリが空であること）

ピーター　　「あー。全部赤ですね。シナリオが書かれていませんね。最初のシナリオを書い
　　　　　　てみましょうか」

```
|scenario|given the command _|cmd|
|create command|@cmd|
```

ポーラ　　　「createCommand は実装されてる？」
ピーター　　「はい。先週作った CommandUtilitiesFixture にあります」
ポーラ　　　「了解。それじゃあ、テストを実行してみましょう」
ピーター　　（テストを実行して）「最初の行が緑になりました。今度は次の行ですね」

　シナリオやフィクスチャのことは考えなくていい。これらは、テストが実行できるようにテストをシステムに接続するためのものだ。

　少しだけ説明しておくと、パターンマッチングを使ってテストの記述を評価・解析し、テスト用のデータを生成する関数を呼ぶツールだと考えればいいだろう。シナリオやフィクスチャにかかる労力は少なく、その他多くのテストでも再利用可能である。

　ここで大切なのは、受け入れテストをシステムに接続して、テストを成功させるのが開発者の仕事だということだ。

テストの交渉と受動的攻撃

　テストの作者は人間なので、ミスをするものである。実装を始めてからテストの意味がわからなくなることもある。複雑すぎることもある。読めないこともある。くだらない仮定に基づいていることもある。単に間違えていることもある。テストを成功させなければいけない開発者にとってはイライラするものだ。

　プロの開発者は、テストの作者と交渉して、テストを改善する。やってはいけないのは、受動的攻撃的な意見を持って、「まあ、テストがこうなってるから、このとおりにしておくか」と

いうことだ。

　プロであれば、チームで最高のソフトウェアを作る。これは、失敗や間違いはみんなで気を
つけて、一緒になって修正していくということだ。

　　ポーラ　　「このテストはちょっと違うんだよね」

投稿操作を2秒以内に完了すること

　　トム　　　「大丈夫そうですけどね。この要求は、ユーザに2秒以上待たせてはいけない、っ
　　　　　　　ていうことなんですけど、どこか間違っていますか？」
　　ポーラ　　「それは統計的にしか保証できないんだよね」
　　トム　　　「えっ？　なんだか曖昧な言い方ですね。要求では2秒になっていますけど」
　　ポーラ　　「そうなんだけど、全体の99.5%なら達成できるの」
　　トム　　　「それは要求とは違いますよね」
　　ポーラ　　「でも、そうなのよ。それ以外に保証はできないの」
　　トム　　　「サムがきっと怒りますよ」
　　ポーラ　　「怒らないわよ。彼にはもう伝えてあるから。**通常**のユーザ体験で2秒以下であれ
　　　　　　　ば、それでいいみたいよ」
　　トム　　　「わかりました。テストはどう書けばいいですか？　**通常は**2秒以内に完了する、
　　　　　　　だとマズいですよね」
　　ポーラ　　「統計的にすればいいんじゃない？」
　　トム　　　「例えば、1,000回投稿して、2秒以上かかる投稿が5回までだったらいい、ってこ
　　　　　　　とですか？　それはないですよ」
　　ポーラ　　「違うわよ。それだと30分以上かかるでしょ。こういうのはどう？」

投稿を15回実行する
2秒のZスコアが最低2.57であること

　　トム　　　「ちょっと待ってください。Zスコアって何ですか？」
　　ポーラ　　「統計用語よ。じゃあ、これならどう？」

投稿を15回実行する
2秒以内に終了する確率が99.5%であること

　　トム　　　「まあ、これなら読めますね。でも、裏側の計算は信頼できるんですか？」

ポーラ 「もし疑っているのなら、テスト報告書に途中の計算を表示するようにして、あと
から確認できるようにしましょう」
トム 「了解です。それなら大丈夫ですね」

受け入れテストとユニットテスト

受け入れテストは**ユニット**テストではない。ユニットテストは、プログラマがプログラマの**ために**書くものだ。コードの低レベルの構造や振る舞いを定式化した設計文書である。読み手はプログラマであり、ビジネスではない。

受け入れテストは、ビジネスがビジネス**のために**書くものだ（開発者が代わりに書くとしてもだ）。ビジネスの観点からシステムの動作を定式化した要求文書である。読み手はビジネス**と**プログラマだ。

テストが2つあるのは冗長なので、「余分な仕事」を排除しようと思うかもしれない。確かに2つのテストが同じものをテストすることもあるが、これは冗長なのではない。

まず、同じものをテストしているかもしれないが、その仕組みや経路が違っている。ユニットテストは、システムの内側に踏み込んで、特定のクラスのメソッドを呼び出している。受け入れテストは、システムの外側からAPIやUIなどを呼び出している。つまり、テストの実行経路が別なのである。

2つのテストが冗長ではない本当の理由は、これらはテスト**ではない**からだ。テストは副次的なものである。ユニットテストや受け入れテストは、第一にドキュメントであり、第二にテストなのだ。第一の目的は、システムの設計・構造・振る舞いを定式的に文書化することだ。仕様として定めた設計・構造・振る舞いを自動的に検証できるというのも便利だが、仕様の文書化が本来の目的である。

GUIなどの面倒なこと

GUIを事前に仕様化するのは難しい。できないこともないだろうが、なかなかうまくできない。見た目というのは主観的なものなので変わりやすい。**いじくり回**したいし、ぐりぐり操作したい。フォント・色・ページレイアウト・ワークフローなども変えてみたい。GUIは絶えず流動的なのである。

GUIの受け入れテストを書くには手腕が問われる。そのためには、GUIをボタン・スライダー・グリッド・メニューの集まりではなく、APIだと考えてシステムを設計することだ。奇妙に聞こえるかもしれないが、こうすれば優れた設計になる。

単一責任原則（SRP：Single Responsibility Principle）と呼ばれる設計原則がある。これは、

第 7 章　受け入れテスト

変更の理由が異なるものを分割し、同じものをまとめるという原則だ。GUI も例外ではない。

　GUI のレイアウト・フォーマット・ワークフローは、見た目や効率性などが理由で変更されるが、基本的な機能は変更されない。したがって、GUI の受け入れテストを書くときは、頻繁に変更されない抽象的な基本機能を利用するのだ。

　例えば、ページに複数のボタンがある場合は、ボタンの位置でクリックするのではなく、名前でクリックするようにする。一意な ID が使えればもっといいだろう。コントロールグリッドの 4 行 3 列目のボタンではなく、ID が ok_button のボタンを選択するのだ。

正しいインタフェースでテストする

　システムの機能を呼び出すテストは、GUI ではなく API を呼び出すように書くといい。API は GUI が呼び出す API と同じものだ。このようにするのは特に新しいことではない。デザインの専門家は、GUI をビジネスルールから分離せよと何十年も前から言ってきた。

　GUI をテストするだけならいいが、GUI 経由でテストをするには問題がある。GUI は変わりやすく、テストが壊れやすいのだ。GUI の変更で何千ものテストが壊れると、テストを投げ出したくなるか、GUI の変更をやめたくなる。どちらもよい選択肢ではない。ビジネスルールのテストを書くときは、GUI の下にある API を呼び出すようにしよう。

　受け入れテストのなかには、GUI の振る舞いを規定するものもある。こうしたテストでは、GUI そのものをテスト**しなければ**いけない。ただし、ビジネスルールをテストするものではないので、GUI とビジネスルールが接続されていなくてもいいわけだ。したがって、GUI とビジネスルールを分離して、ビジネスルールをスタブ化してから GUI をテストするといい。

　GUI のテストは最小限にしておこう。GUI は変わりやすいので不安定だ。GUI のテストが多いと、それだけテストの維持が難しくなる。

継続的インテグレーション

　継続的インテグレーションシステム（CI システム）を使って、ユニットテストと受け入れテストを 1 日に複数回実行するようにしよう。CI システムはソース管理システムをトリガーにしておく。モジュールをコミットすると、CI システムがビルドして、すべてのテストを実行するのだ。実行結果はチーム全員にメールで送られる。

輪転機を止めろ

　CI を使ったテストは常に実行しておく。CI のテストを失敗させてはいけない。テストが失敗したらチーム全員が手を止めて、テストを成功させなければいけない。壊れたビルドは緊急事態に見えなければいけない。「輪転機を止めろ」のイベントだ。

120

失敗したテストのことを真剣に考えないチームをコンサルティングしたことがある。失敗したテストを修正するには「忙しすぎる」ので、とりあえず横に置いておいて、あとで直すというのだ。失敗したテストをビルドから取り除いていたこともある。失敗しているように見えて迷惑だからだそうだ。さらには、リリースするときにテストを戻すのを忘れてしまい、怒った顧客がバグレポートと一緒に電話をかけてきて、ようやく判明したなんてこともあった。

結論

詳細についてコミュニケーションするのは難しい。プログラマとステークホルダーがアプリケーションの詳細についてやり取りするのは特に難しい。身振り手振りで相手が理解したと**見なす**のは簡単だ。両者の理解が一致したと思っていても、まったく異なる考えを持っていることがよくある。

プログラマとステークホルダーのコミュニケーションミスを効果的に排除するには、私が知る限り、自動受け入れテストを書く他にない。テストは定式的なものであり、そのまま実行することもできる。曖昧性がなく、アプリケーションと同期が取れなくなることもない。完全な要求文書である。

テスト戦略 第8章

　プロの開発者はコードをテストする。これは単にユニットテストや受け入れテストを書けばいいというものではない。これらのテストはよいことではあるが、それだけで充分ではない。プロの開発チームに必要なのは、優れた**テスト戦略**だ。

　1989 年に私は、Rational 社で働いていた。最初のバージョンの Rose をリリースした頃のことだ。毎月、QA マネージャが「バグ退治」と呼んでいる日があった。プログラマもマネージャも事務員もデータベース管理者も、みんなで Rose を触ってバグを出すのだ。バグの種類によっていろんな賞がもらえた。クラッシュするようなバグを見つけると 2 人分の食事券がもらえた。最も多くのバグを見つけた人には、モンテレイ（メキシコ）行きの旅行券がもらえた。

QAは何も見つけてはいけない

前述したが、改めて言っておこう。ソフトウェアをテストするQAグループが部門として分かれていたとしても、開発グループは「QAは何も見つけてはいけない」を目標としなければいけない。

もちろん常に目標を達成できるとは思わない。頭のいい人たちがプロダクトの欠点や不具合を見つけようと必死になれば、どこかに見つかってしまうものである。それでもやはり、QAが何かを見つけたならば、開発チームは申し訳なさそうに対応しなければいけない。再現方法や手順をQAに質問し、再発を防止しなければいけない。

QAはチームの一員

QAと開発が反目し合っているように思われたかもしれない。だが、これは意図したことではない。むしろ、QAと開発は協力してシステムの品質を向上させるべきだと考えている。チームにおけるQAの役割は、システムの仕様や特性を見つけることである。

仕様を見つけるQA

QAの役割は、ビジネスと一緒になって、システムの仕様や要求文書となる自動受け入れテストを作ることだ。イテレーションごとにビジネスから要求を集め、システムの振る舞いを開発者に説明するためのテストに翻訳する（第7章「受け入れテスト」参照）。通常は、ビジネスが正常系のテストを書き、QAがコーナーケースや境界値といった異常系のテストを書く。

特性を見つけるQA

QAのもう1つの役割は、探索テスト[1]を行うことだ。動いているシステムの振る舞いから特性を見つけ、開発とビジネスに報告する。ここでは要求を解釈するのではなく、実際のシステムの動作を確認する。

テスト自動化ピラミッド

プロの開発者は、TDDでユニットテストを書いている。プロの開発チームは、受け入れテストを使ってシステムを仕様化したり、継続的インテグレーションでリグレッションを防いだり

1　http://www.satisfice.com/articles/what_is_et.shtml

する（120ページの「継続的インテグレーション」参照）。ただし、テストはこれで終わりではない。QAが何も見つけないようにするには、ユニットテストや受け入れテスト以外にも高レベルのテストが必要だ。図 **8-1** は、テスト自動化ピラミッド[2]である。プロの開発組織が必要とするテストの種類を図示したものだ。

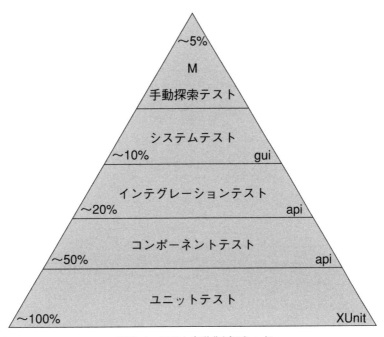

図 8-1　テスト自動化ピラミッド

ユニットテスト

　ピラミッドの最下部はユニットテストである。プログラマがプログラマのために、システムと同じプログラミング言語で書くテストのことだ。ユニットテストの目的は、システムを低レベルから仕様化することである。開発者はプロダクションコードを書く前に、今から何を作るかを決めるためのユニットテストを書く。ユニットテストを継続的インテグレーションで実行すれば、プログラマの意図が維持されていることを確認できる。

　ユニットテストは実質的にほぼ 100%のカバレッジとなる。一般的には 90%台の数値になるだろう。振る舞いをテストしない偽のテストを実行するのではなく、**本物の**カバレッジを実現しなければいけない。

2　［COHN09］pp. 311-312

コンポーネントテスト

コンポーネントテストは、前章で述べた受け入れテストの一種である。テストの対象はシステムのコンポーネントだ。コンポーネントはビジネスルールをカプセル化しているので、テストはビジネスルールの受け入れテストにもなる。

図 **8-2** に示すように、コンポーネントテストはコンポーネントの周りを囲んでいる。入力データをコンポーネントに渡し、出力データを集め、出力データと入力データが合っているかをテストする。その他のシステムコンポーネントと結合している場合は、モックやテストダブルなどの技術を使ってテストから切り離すようにする。

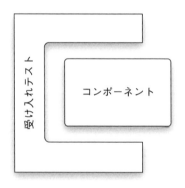

図 8-2　コンポーネント受け入れテスト

コンポーネントテストは、QA やビジネスが開発者の協力を得て、FitNesse・JBehave・Cucumber などのコンポーネントテスト環境で書く（GUI コンポーネントは、Selenium や Watir などの GUI テスト環境でテストする）。これは、ビジネスがテストを書かないとしても、自分で読んで理解できるようにするためである。

コンポーネントテストでは、システムの約半分を網羅し、主に正常系と明らかな異常系を対象とする。異常系の大部分はユニットテストで網羅されているため、コンポーネントテストのレベルではあまり価値がない。

インテグレーションテスト

インテグレーションテストは、コンポーネントの数が多い大規模システムに使う。図 8-3 のように複数のコンポーネントをまとめて、コンポーネント間のやり取りがうまくいっているかどうかをテストする。その他のコンポーネントと結合している場合は、適切なモックやテストダブルを使って切り離す。

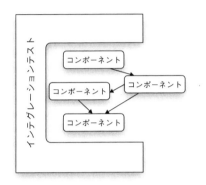

図 8-3　インテグレーションテスト

　インテグレーションテストは、いわば**振り付け**のテストである。ビジネスルールをテストするのではなく、コンポーネントがうまく一緒に踊れているかをテストする。コンポーネント同士が適切につながって、他のコンポーネントとうまくやり取りができているかを確認する**接続**のテストだ。

　インテグレーションテストは、システムのアーキテクトや設計者が書いて、システムアーキテクチャの構造がしっかりしていることを保証する。パフォーマンステストやスループットテストを行うのもこのレベルである。

　インテグレーションテストは、コンポーネントテストと同じ言語や環境で書く。インテグレーションテストは実行時間が長いので、継続的インテグレーションに含めることは**なく**、作者が必要だと思う間隔（毎晩や毎週など）で定期的に実行する。

システムテスト

　システムテストは、統合したシステム全体をテストする自動テストのことで、究極的なインテグレーションテストである。ビジネスルールを直接テストするわけではなく、システムが正しく接続されているかどうか、部品が計画に従って動いているかどうかをテストする。ここで

もスループットテストやパフォーマンステストを行う。

　システムテストは、システムアーキテクトや技術リーダーが、UIのインテグレーションテストと同じ言語や環境で書く。システムテストの実行頻度は比較的少ない。実行時間に応じて頻度を決めることになるが、できるだけ頻繁に実行するほうがよい。

　システムテストはシステムの約10%を網羅する。これは、システムの振る舞いではなく、**構造**を確認するものだからである。コードやコンポーネントの振る舞いの正しさについては、ピラミッドの下部のテストですでに確認されている。

手動探索テスト

　手動探索テストは、実際にキーボードを操作して、画面を確認しながら行うテストである。自動化も**テスト仕様**も存在しない。手動探索テストは、実際にシステムを操作するなかで、意図しない振る舞いが含まれていないかを探索するものである。システムを調査・探索するには、創造性を持った人間の脳が必要だ。テスト計画を事前に用意するというのは、このような目的のテストには適していない。

　手動探索テストを専門家に任せるチームもある。「バグ退治」の日を1〜2日ほど作り、マネージャ・事務員・プログラマ・テスター・技術ライターなど、できるだけ多くの人たちにシステムを「ぶん殴って」もらい、壊れるかどうかを確認するチームもある。

　手動探索テストは、カバレッジを目指すものではない。すべてのビジネスルールや実行経路を確認するものではなく、人間の操作でシステムの振る舞いが正しいかを確認し、できるだけ多くの「異常」を創造的に見つけるものである。

結論

　TDDは強力な規律であり、受け入れテストは要求を表現・強化する価値の高い方法だ。しかし、これらはテスト戦略全体の一部でしかない。「QAは何も見つけてはいけない」という目標を達成するには、開発チームがQAと協力して、ユニットテスト・コンポーネントテスト・インテグレーションテスト・システムテスト・手動探索テストの階層を作ることだ。これらのテストは、フィードバックを最大限に獲得し、システムが絶えずクリーンになるように、できるだけ頻繁に実行する。

参考文献

[COHN09]   Mike Cohn, *Succeeding with Agile*, Boston, MA: Addison-Wesley, 2009.

時間管理 第9章

　8時間というのは非常に短い時間だ。480分。2万8,800秒しかない。プロは、この希少価値の高い時間をできるだけ効率的・効果的に使いたいと思っている。時間を無駄にしないためには、どのような戦略が使えるだろうか？　どうすれば効果的に時間を管理できるだろうか？

　1986年に私は、イギリスのサリー州リトルサンドハーストに住んでいた。ブラックネルにあるTeradyne社でソフトウェア開発部門の15人を管理していた。電話・緊急会議・現場対応・中断などで仕事は大忙しだった。仕事を終わらせるには、劇的な時間管理の規律を導入しなければいけなかった。

- 毎朝5時に起きて、6時までにブラックネルにあるオフィスへ自転車で向かった。こうすれば、1日の混とんが始まる前に2時間半の静寂が手に入った。
- オフィスに着いたらスケジュールを書き出した。15分刻みに分割して、そのブロック単位で予定を埋めていった。
- 最初の3時間はきっちりとスケジュールを埋めた。9時からは1時間ごとに15分のブロックを空けておくようにした。急な割り込みがあっても、その空いているブロックに押し込んでおけば、自分の仕事を続けられるからだ。

第9章　時間管理

- 昼食後には時間を空けておいた。仕事があふれることが多く、それからずっと後手に回ることがわかっていたからだ。ごくまれに平穏が訪れたときには、忙しくなる前に重要なことをやるようにした。

　この仕組みはうまくいかないこともあった。毎朝5時に起きるなんて無理だったし、どんなに注意深く戦略を練っていても、仕事があふれ出して1日が台無しになることもあった。だが、たいていの場合は、なんとかなった。

会議

　会議には参加者1人につき1時間200ドルのコストがかかる。ここには、給料・福利厚生・設備費なども入っている。会議に参加するときは、人数分のコストを計算してみよう。きっと驚くはずだ。

　会議には2つの真実がある。

1. 会議は必要だ。
2. 会議は時間の無駄だ。

　どちらも同じ会議についての真実である。参加者のなかには、会議のことを重要だと思う人もいれば、無駄で役に立たないと思う人もいる。

　プロは、会議のコストが高いことに気づいている。また、時間が貴重であることにも気づいている。書くべきコードがあり、守るべきスケジュールがあるからだ。したがって、すぐに必要な会議でなければ、プロは積極的に参加を断る。

参加を断る

　招待されたすべての会議に参加する必要はない。会議に参加しすぎるのはプロのやることではない。自分の時間は賢く使わなければいけない。どの会議に参加して、どの会議に参加しないかを、注意深く選ばなければいけない。

　会議に誘う人が君の時間を管理してくれるわけではない。自分の時間を管理できるのは**自分**だけだ。会議への誘いを受けても、今の仕事にすぐに必要なのかを確認するまでは、受け入れてはいけない。

　なかには興味のある会議もあるだろう。だが、すぐに必要なものではない。時間に余裕があ

るかどうかを考えなければいけない。気をつけろ。君の時間を消費する会議は腐るほどあるぞ。

　今の仕事には関係ないが、君が貢献できる会議もあるだろう。その場合には、自分のプロジェクトの損失と相手のプロジェクトの利益をよく検討しなければいけない。皮肉に聞こえるかもしれないが、君には**自分**のプロジェクトを優先する責任がある。他のチームを助けるのもいいが、まずはチームやマネージャに相談しよう。

　他のプロジェクトの先輩エンジニアやマネージャから会議に出席してくれと頼まれることもあるだろう。目上の人からの要請と自分の仕事のスケジュール。どちらが大切かをよく考えなければいけない。この場合にも、チームやマネージャに相談してから決めよう。

　マネージャの最も重要な仕事は、君を会議に参加**させない**ことである。優れたマネージャであれば、君の時間のことを気にかけているはずだから、会議に参加しないことを擁護してくれるはずだ。

立ち去る

　会議は必ずしも予定どおりには進まない。もっと詳しく知っていれば断っていたはずの会議に参加することもある。会議中に新しい議題が追加されることもある。誰かの不満で議論が埋め尽くされることもある。私は長年かけて、簡単なルールを1つ作った。会議がつまらなくなったら、出ていくのだ。

　繰り返しになるが、君は自分の時間を管理しなきゃいけない。時間の無駄な会議から抜け出せないときは、丁寧に退出する方法を見つけなければいけない。
「くだらない！」などと言って飛び出すのはよくない。失礼な行動をとる必要はない。頃合いを見計らって、自分の参加が必要かどうかを確認しよう。あるいは、時間に余裕がないことを説明し、議論を早めるか議題の順番を入れ替えてもらうようにしよう。

　時間の無駄であり、これ以上貢献できないとわかっている会議に参加し続けるのは、プロではない。君には雇用主の時間やお金を大切に使う義務がある。退出を申し出る適切な時間を選べるのがプロだ。

議題と目標を持つ

　それでも会議が必要なのは、参加者が1つの部屋に集まり、具体的な目標を達成する必要があるからだ。参加者の時間をうまく使うには、明確な議題・時間割・目標がなければいけない。

　会議に誘われたら、議題・そのための時間・達成すべき目標を確認しよう。この3つの質問に明確な回答が得られなければ丁重に断ろう。

　議題がハイジャックされたり破棄されたりしたら、新しい話題は後回しにして議題に沿うべきだと言おう。それが無理なら、時間を見計らって丁重に退出しよう。

スタンドアップミーティング

これはアジャイル手法の一種である。会議中に参加者が立っていることから、この名前がつけられている。参加者は順番に以下の3つの質問に答える。

1. 昨日やったことは？
2. 今日やることは？
3. 問題点は？

これだけだ。1つの質問に答えるには20秒も**かからない**ので、参加者1人につき1分もあればいい。参加者が10人でも10分はかからないだろう。

イテレーション計画会議

これはアジャイル手法のなかで最も難しい会議だ。たいていは、時間をかけすぎるか、かけなさすぎてしまう。この会議をうまく進めるにはスキルが必要だ。学ぶ価値のあるスキルである。

イテレーション計画会議では、次のイテレーションで実装するバックログ項目を選択する。候補となる項目はあらかじめ見積もっておく。ビジネス価値も評価しておかなければいけない。優れた組織では、受け入れテストやコンポーネントテストも書いている。あるいは、少なくとも概略は作成している。

候補となるバックログ項目をチームで簡単に話し合い、選択するかどうかを迅速に決めていかなければいけない。各バックログ項目にかける時間は5〜10分である。さらに話し合いが必要であれば、必要な人たちだけで別途時間を作るべきだ。

私の経験から言えば、この会議にイテレーション全体の5%以上の時間をかけてはいけない。例えば、1週間（40時間）のイテレーションであれば、2時間未満にすべきだ。

イテレーションレトロスペクティブとデモ

これらは、各イテレーションの終了時に実施する。チームメンバは、何が正しかったのか、何が間違っていたのかを議論する。ステークホルダーは、新しくできた機能のデモを見る。無駄に時間を費やす可能性もあるので、イテレーション最終日の退勤45分前に開催するとよい。時間はレトロスペクティブに20分、デモに25分を割り振る。1〜2週間の出来事について話すことはそれほど多くはないはずだ。

議論と意見の不一致

ケント・ベックが深いことを言っていた。「5分で決着のつかない議論は、議論では決着がつかない」。時間がかかるというのは、双方とも明確な裏付けとなる根拠がないからだ。事実に基づいているのではなく、宗教になっているのだ。

技術的な意見の不一致は成層圏を越える議論になりがちだ。みんなが自分たちの立場を正当化しようとするが、誰もデータを提示しようとしない。データがなければ、短時間で（5～30分以内で）合意は得られない。合意を得るには、データを持ってくるしかない。

キャラクターの力で議論に勝とうとする人もいる。怒鳴ったり、抗議したり、わざと腰を低くしたりするのだ。意見の不一致がそれで根本的に解決されることはない。意見の不一致を解決できるのは、データだけだ。

受動的攻撃性のある人もいる。議論の終わりに同意したと見せかけて、解決策に従事しないなどの妨害行為をするのだ。そして、「これは彼らが望んだやり方だ」などと言う。プロしからぬ最悪の振る舞いだ。決してこんなことをしてはいけない。同意したならば、従事しなければいけない。

議論に必要なデータをどうやって手に入れるのだろうか？　実験やシミュレーションやモデリングをしてみるといいだろう。あるいは、コインを投げて道を決めるのが最良の方法になるかもしれない。

うまくいけば、その道が合っていたことになる。面倒なことになれば、戻ってもう1つの道を行けばいい。道を変更する基準や時間をあらかじめ設けておくのがいいだろう。

反対意見を表明して支持者を集める裁判のような会議には注意しよう。1つの意見だけが取り上げられる場にしてはいけない。

議論に決着をつける必要があれば、それぞれの主張を5分以内に説明してもらうようにする。そして、チームに投票してもらう。これを15分未満に収まるようにしよう。

集中力のマナ

ニューエイジやダンジョンズ＆ドラゴンズの臭いがしたら申し訳ない。この話題はこのように説明するのがいいと思ったのだ。

第9章　時間管理

　プログラミングは、長時間の集中力と意識を必要とする知的行為である。集中力は何らかの
リソースを消費するのだが、それはマナ[1]に似ていると思う。集中力のマナを使い果たしたら、
他の活動を1時間ほど行って、回復しなければいけない。

　集中力のマナがどんなものかはわからない。だが、敏しょう性や注意力に影響を与える物理
的なモノではないかと思う（足りないと感じるからだ）。それがどんなものであれ、その存在
を**感じる**ことはできるし、それがなくなったことも感じることができる。プロの開発者は、集
中力のマナを活用する時間の管理方法を習得している。集中力のマナがあればコードを書き、
なければ生産性の低い別の何かをするのだ。

　集中力のマナは減少するリソースだ。使わなければなくなっていく。会議でダメージを受ける
理由がこれだ。会議で集中力のマナを使い果たせば、コーディングに使う分が残されていない。

　集中力のマナは、心配や不安でも消費される。配偶者とケンカをしたり、車のフェンダーを
ヘコませたり、先週払い忘れた請求書のことを思い出したりすると、すぐに集中力のマナを使
い果たしてしまう。

睡眠

　これは特に強調しておきたい。よく寝た次の日は、集中力のマナが最大になっている。7時間
の睡眠で、8時間の労働に必要な集中力のマナが手に入る。プロの開発者は、睡眠のスケジュー
ルを管理して、翌朝までに集中力のマナを回復している。

カフェイン

　カフェインを摂取することで、集中力のマナを有効利用できる人もいる。ただし、注意して
欲しい。カフェインは意識に「乱れ」をもたらす。過度の摂取によって、意識がおかしな方向
に向くこともある。間違ったものに意識を向けると、1日を無駄にしてしまう。

　カフェインの適度な利用や摂取量には個人差がある。私の好みは、カップ一杯の朝のコーヒー
と、お昼のダイエットコーラだ。時には2倍になることもあるが、それ以上摂取することはほ
とんどない。

1　マナはダンジョンズ＆ドラゴンズのようなファンタジーやRPGの世界でよく使われるものだ。プレーヤーは一定量のマ
　ナを持っていて、魔法をとなえると消費する。強力な魔法になれば、それだけマナの消費も増える。マナの回復は遅い
　ので、すぐに使いきってしまう。

充電

　集中を解けば、集中力のマナを充電できる。散歩をしたり友達と会話をしたり窓の外を見たりするとよいだろう。

　めい想をする人もいる。昼寝をする人もいる。ポッドキャストを聞いたり雑誌を読んだりする人もいる。

　マナがなくなったら無理に集中することはできない。コードを書くこともできるが、ほぼ確実に次の日に書き直す羽目になる。あるいは、腐ったコードの塊と数週間・数か月もの間、一緒に過ごすことになる。集中できないときは、30～60分ほど集中を解こう。

筋肉の集中力

　武術・太極拳・ヨガには独特な身体の動きがある。こうした動きにも集中力が必要だ。ただし、コーディングに必要な集中力とは種類が違う。それぞれ身体的なものと知能的なものだ。筋肉の集中力は、精神の集中力の回復にも役立つ。それも単純な回復ではない。筋肉の集中力を定期的に使っていると、精神的な集中力の最大値を高めてくれるのだ。

　私は自転車に乗って筋肉の集中力を使っている。1～2時間ほど自転車に乗るのだ。時には30～50キロほど走ることもある。デスプレーンズ川の横の道を走っているので、車の心配をすることもない。

　自転車に乗っているときは、天文学や政治のポッドキャストを聞いている。好きな音楽を聴くこともある。ヘッドフォンを外して自然の音に耳を傾けることもある。

　手を使う作業をする人もいる。日曜大工・プラモデル・ガーデニングなどを楽しんでいる。どんなものであれ、筋肉を使う活動は、精神を使う能力を向上させてくれる。

インプット対アウトプット

　集中力に欠かせないのは、インプットとアウトプットのバランスをとることだ。ソフトウェアを書くのは**創造的**な活動だ。私の場合は、他の人の創造性に触れたときに最も創造的になれる。だから、多くのSF小説を読んでいる。SF作家たちが私のソフトウェアの創造性を刺激してくれるのだ。

第 9 章 時間管理

タイムボックスとトマト

私が時間と集中力を管理するのに使っているのは、有名なポモドーロテクニック[2]（別名：ト
マトズ）である。基本的な考えは単純だ。普通のキッチンタイマー（昔からあるトマトの形を
したもの）を 25 分に設定する。タイマーが動いている間は作業に集中して、**何も**邪魔が入らな
いようにする。電話が鳴ったら、25 分後にかけ直してもらう。誰かが質問をしてきたら、25 分
後にまた来てもらう。すべての中断はタイマーが鳴るまで後回しにするのだ。25 分も待てない
ほど緊急な用事などない。

トマトタイマーが鳴ったら**すぐに**手を止める。タイマーの最中に起きた中断に対応する。そ
れから 5 分間休憩する。タイマーを 25 分に設定して、次のトマトを開始する。4 トマトごとに
30 分程度の休憩を入れる。

このテクニックについて書かれたものはたくさんあるので、詳しく知りたければ読んでみる
といいだろう[3]。ただし、上記の説明で要点はわかる。

このテクニックを使えば、時間をトマトとそれ以外に分けることができる。トマトの時間は生
産的な時間だ。トマトの時間で仕事を終わらせる。その他の時間は、気晴らし・会議・休憩な
ど、自分の仕事以外の時間だ。

1 日のトマトの数はいくつだろうか？　うまくいけば、12〜14 個のトマトが手に入るだろう。
うまくいかなければ、2〜3 個しか手に入らないこともある。トマトを数えてグラフにすれば、
どれだけの時間を生産的なことに使っているか、どれだけの時間を「ガラクタ」に使っている
かがすぐにわかる。

このテクニックにハマってしまい、あらゆる作業をトマトで見積もって、1 週間に消費でき
るトマトの速度を計測する人もいる。だが、それは飾りにすぎない。ポモドーロテクニックの
利点は、あらゆる中断から守られる 25 分の生産的な時間である。

回避

仕事に気持ちが入らないことがある。恐怖・不安・退屈を感じているのだろう。あるいは、
あとで面倒なことになると考えているのかもしれない。もしくは、単純にやりたくないという
こともあるだろう。

2　http://www.pomodorotechnique.com/
3　訳注：『アジャイルな時間管理術 ポモドーロテクニック入門』（アスキー・メディアワークス）などがある。

138

優先順位の逆転

　いかなる理由であれ、人は仕事を回避する方法を見つけるものである。他の作業のほうが緊急だと自分に言い聞かせて、そちらを優先してしまうのだ。これを「**優先順位の逆転**」と呼ぶ。他の作業の優先順位を上げて、本当に重要な作業を後回しにするからだ。またの名を「ウソ」と呼ぶ。他の作業が重要だと自分に言い聞かせて、やらなければいけないことから目を背けているのだ。他の作業が重要ではないことはわかっているが、自分自身にウソをついているわけだ。

　だが、本当は自分自身にウソをついているのではない。誰かが「何をしてるの？」「なぜそれをやっているの？」と質問してきたときにウソの説明ができるように、あらかじめ準備をしているのだ。そうやって、他人の目から逃れようとしているのである。

　これは明らかにプロの振る舞いではない。プロは、個人的な感情を抜きにして、作業の優先順を決定し、その順番に作業をこなしていく。

袋小路

　ソフトウェア職人にとって袋小路は日常茶飯事である。技術の選択を間違えて、出口のない道をさまようこともある。自分の選択に自信があればあるほど、長い時間さまよい続けることになる。プロとしての評判がかかっていれば、永久にさまようことになるだろう。

　経験と慎重さがあれば袋小路にハマらずに済むが、完全に回避することはできない。だから本当に必要なスキルは、袋小路にハマったと気づいたら、すぐに引き返す勇気だ。これは「**穴のルール**」と呼ばれることもある。穴にハマったら、掘るのを止めるのだ。

　プロは1つの考えに固執しない。他の考えを広く受け入れて、行き詰まったら他の選択肢を使う。

沼・沼・沼

　袋小路よりひどいのは沼だ。沼にハマると速度は落ちるが、進行が止まるわけではない。沼にハマると進捗は妨げられるが、強引に行けば進めないこともない。沼が袋小路よりもたちが悪いのは、物事が進んでいるのが見えるからだ。引き返すよりも目標に近く見える（実際にはそうではない）。

　ソフトウェアの沼が原因で製品が台無しになり、会社が倒産したのを見たことがある。チームの生産性が、わずか数か月でジルバからレクイエムにまで落ちるのを見たことがある。沼以

上にソフトウェアチームの生産性に深く長く影響を与え続けるものはない。絶対に。

問題は、袋小路と同じように、沼も回避できないということだ。経験や慎重さによって回避できることもあるが、いつかは沼につながる決定をしてしまう。

沼はゆっくりと近づいてくる。簡単な問題であれば、コードをシンプルでクリーンにするように心がければ解決できる。問題のスコープや複雑さが大きくなれば、大きくなったコードをできるだけクリーンに保っていけばいい。そして、ある時点で気づくのだ。最初の選択を間違えていて、このコードでは要求を満たせないと。

変曲点だ！　戻って設計をやり直すこともできるが、そのまま進むこともできる。戻ると既存のコードを書き直さなければいけないのでコストが高くつきそうだが、あとで戻るのは今よりも**絶対**に難しくなる。先に進めばシステムが沼にハマって抜け出せなくなる。

プロは袋小路よりも沼を恐れる。際限なく成長する沼に常に目を光らせ、沼にハマったらできるだけ早く迅速に逃げる。

沼だと**気**づいていながら先へ進むのは、最悪の「優先順位の逆転」だ。先へ進むのは、自分に・チームに・会社に・顧客にウソをつくことになる。みんなで一緒に破滅へ向かっているのに、うまくいっていると伝えることになるからだ。

結論

ソフトウェアのプロは、自分の時間と集中力を管理している。「優先順位の逆転」の誘惑を理解し、名誉の問題として戦っている。他の解決策にも心を開いて、選択肢を広げている。1つの解決策に固執しない。沼の成長に常に目を光らせ、気がついたらすぐにクリーンにする。ソフトウェア開発者のチームが無駄に沼を進んでいく光景を見ることほど悲しいことはない。

見積もり 第10章

　見積もりとは、ソフトウェアのプロが直面する活動のなかで、最もシンプルだが最も恐ろしいものである。ビジネス価値の多くは見積もりにかかっている。我々の評判の多くは見積もりにかかっている。不安や失敗の多くは見積もりが原因である。ビジネスと開発者を分断してきたのは見積もりだ。両者の関係が不信感に満ちている原因も見積もりだ。

　1978年に私は、Z80の組み込みプログラムの開発リーダーをしていた。容量は32Kバイトで、言語はアセンブラだ。プログラムは、1K×8ビットのEEPROMチップ32個に焼き付けていた。32個のチップは3つの基盤に差し込んだ。1つの基盤に12個のチップを差し込むことができた。

　アメリカの電話局には何百台もの機器があった。バグの修正や機能の追加が発生するたびに、フィールドサービスエンジニアを派遣して、32個のチップをすべて交換してもらっていた！

　これは悪夢だった。チップも基盤も壊れやすかった。チップのピンは簡単に曲がったり折れたりした。基盤を何度も動かしているとハンダの継手が傷む。破損やエラーのリスクは甚大だ。会社のコストは計り知れない。

141

第 10 章　見積もり

　　上司のケン・ファインダーが私のところにやってきて、プログラムに修正のあったチップだけ
を交換して、それ以外のチップは交換せずに済む方法が必要だと言った。私が書籍や講演でデ
プロイの独立性について声高に叫んでいるのを知っているかもしれない。そのことをはじめて
学んだのがここだ。

　　ここでの問題は、ソフトウェアが単一の実行形式だったということだ。プログラムに新しい
コード行を追加すると、そこから下の行のアドレスがすべて変更されてしまう。チップにはそ
れぞれ 1K ずつアドレス空間があり、ほぼすべてのチップで内容が書き換わることになる。

　　解決策は簡単だ。チップ同士を切り離せばいい。コンパイル単位を独立させておけば、チッ
プは個別に焼き付けることができる。

　　私は、アプリケーションのすべての関数の容量を計算して、ジグソーパズルのようにチップ
に当てはめていく簡単なプログラムを書いた。あとから拡張できるように 100 バイトほど残す
ようにした。開始地点には、チップに含まれる関数を指すポインタのテーブルを置いた。起動
時にこれらのポインタを RAM に移動した。関数は直接呼び出すのではなく、RAM のベクタ
から呼び出すようにシステムのコードをすべて変更した。

　　よし。これでいける。チップの中身はオブジェクトと仮想関数テーブルだけだ。すべての関
数が多態的にデプロイできるようになった。そして、そう、ここからオブジェクト指向設計の
原則をいくつか学んだのだ。オブジェクト指向のことを知るずっと前のことだ。

　　この利点はすごかった。個別にチップをデプロイできるだけでなく、関数を RAM に移動し
てベクタを再ルーティングすれば、その場でパッチを作ることもできた。現場でのデバッグと
パッチ作りがずっと簡単になった。

　　話を元に戻すが、ケンが問題の修正を依頼してきたとき、関数のポインタを使うのはどうか
と言ってきたのだ。私は、1〜2 日ほどアイデアを練ってから、詳細な計画を彼に見せた。期間
はどれくらいかかるのかと聞かれたので、私は 1 か月と答えた。

　　だが、**3 か月**かかった。

　　私が人生で酔っ払ったのは 2 回だけだ。酒に**飲まれた**のはそのうち 1 回だけだ。それは、
Teradyne 社の 1978 年のクリスマスパーティだ。私は 26 歳だった。

　　パーティは Teradyne 社のオフィスで開かれた。開発室が空いていたからだ。早い時間から
みんなが集まっていたが、暴風雪のせいでバンドや食事は到着していなかった。幸いなことに、
アルコールだけは大量にあった。

　　その夜のことはあまり覚えていない。覚え**ている**のは、思い出したくないことだけだ。これ
から私の心の痛みを共有したいと思う。

　　私は床に足を組んで、ケン（私の上司。当時 29 歳。酔って**いない**）と一緒に座っていた。ベ
クタを使う仕事が大変だと言って、私は涙をこぼしていた。アルコールによって、見積もりの
恐怖と不安が開放されたのだ。ケンに膝枕をしてもらった覚えは**ない**が、そのあたりの記憶が

142

はっきりしない。

　彼に怒っているかと質問したのは覚えている。時間がかかりすぎているかと聞いたのも覚えている。その夜はぼんやりとしていたが、彼の返事は数十年たった今でもはっきりと思い出すことができる。彼はこう言った。「そうだな。確かに時間がかかっているね。でも、君が一生懸命やってくれているのは知ってるし、順調に進んでいると思うよ。我々がそれを必要としているんだ。だから、全然怒ってなんかいないよ」。

見積もりとは何か？

　見積もりの問題は、人によって見積もりの捉え方が違うことだ。ビジネスは、見積もりをコミットメントだと思っている。開発者は、見積もりを予測だと思っている。この違いが大きい。

コミットメント

　コミットメントというのは、達成しなければいけないものである。ある日までに何かを成し遂げるとコミットメントすれば、その日までに何かを成し遂げ**なければいけない**。それによって、1日12時間働いて、週末にも働いて、家族との休暇が台無しになるとしても、仕方ない。コミットメントしたのだから、最後まで引き受けなければいけない。

　プロは、自分ができると**わかる**までコミットメントしない。簡単なことだ。できるかどうか**わからない**ことにコミットメントを求められたら、断ればいいのだ。1日12時間働いて、週末にも働いて、家族との休暇を台無しにすれば**間に合う**ようなスケジュールにコミットメントを求められたら、自分でどうするかを選べばいい。ただ、自分の能力に合ったものを選ぶほうがいいだろう。

　コミットメントは**確実**なものである。誰かが君のコミットメントを基にして計画を立てる。コミットメントが成し遂げられなかったら、彼らのコストや君の評判の低下は膨大なものとなる。コミットメントを果たさないのは不誠実な行為だが、あからさまなウソよりもわずかにマシだ。

見積もり

　見積もりは予測である。コミットメントではない。約束でもない。見積もりが外れても恥ずべきことではない。見積もりをするのは、どれだけ時間がかかるか**わからない**からだ。

　残念ながら、多くのソフトウェア開発者の見積もりは、ひどい。見積もりに秘密のスキルが

あるわけではない。そんなものはない。見積もりがひどいのは、本質を理解していないからだ。

見積もりは数値ではない。見積もりは**確率分布**だ。次の会話を見てみよう。

マイク　　　「この作業に何日かかる？」
ピーター　　「3日ですね」

ピーターは本当に3日で作業を完了できるだろうか？　できるかもしれないが、その可能性はどれくらいだろうか？　答えはこうだ。「よくわからない」。ピーターはどういうつもりでこのような発言をして、マイクはどういう意味だと思ったのだろうか？　3日後に戻ってきて、ピーターが作業を終わらせていないとわかったら、マイクは驚くだろうか？　なぜ驚くのだろうか？　ピーターはコミットメントしていない。4日や5日よりも3日で終わる可能性がどれだけ高いとも言っていない。

マイクが見積もりの可能性を聞いていたら、どうなっていただろうか？

マイク　　　「3日で終わる可能性はどれくらいある？」
ピーター　　「たぶん終わると思いますよ」
マイク　　　「数字で教えてくれる？」
ピーター　　「50〜60％ですね」
マイク　　　「4日かかるかもしれないってこと？」
ピーター　　「はい。たぶんないと思いますが、もしかすると5〜6日かかるかもしれません」
マイク　　　「もしかすると、ってどれくらい？」
ピーター　　「よくわかりませんが、6日あれば95％の確率で終わると思います」
マイク　　　「それは7日かかるかもしれないってこと？」
ピーター　　「ええと、**すべて**がうまくいかなかったら、10〜11日かかるかもしれません。でも、すべてがうまくいかないなんて、あり得ないと思いますよ」

それでは真実に目を向けよう。ピーターの見積もりは**確率分布**である。彼の頭のなかでは、完了の可能性が**図10-1**のようになっていた。

これを見れば、ピーターが最初に3日と言ったのがわかると思う。グラフの値が最も高いからだ。ピーターの頭のなかでは、それが最も可能性のある日数だったのだ。だが、マイクの見方は違う。グラフの右端を見て、11日かかることを心配しているのだ。

マイクは心配すべきなのだろうか？　もちろんだ！　マーフィー[1]は、ピーターにもやってくる。可能性が少しでもあれば、不都合が生じてしまうものだ。

1　マーフィーの法則「不都合を生じる可能性があるものは、いずれ必ず不都合を生じる」。

144

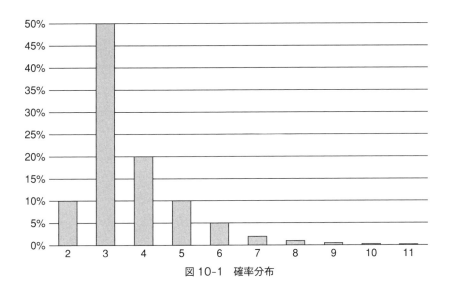
図 10-1　確率分布

暗黙のコミットメント

　マイクは困ったことになった。ピーターが作業を終える日数が不確実なのである。この不確実性を最小化するために、マイクはピーターにコミットメントさせようとする。だが、ピーターはコミットメントすることができない。

マイク　　「作業が確実に終わる日数を教えてもらえるかな？」
ピーター　「それはできませんよ。先ほど言ったように、たぶん3日で終わると思いますが、4日かかるかもしれません」
マイク　　「それじゃあ、4日でいいかな？」
ピーター　「違います。5〜6日かかる**可能性**もあります」

　どちらも公正に振る舞っている。マイクはコミットメントを求め、ピーターはそれを丁重に断っている。そこで、マイクは別の方法を試してみることにした。

マイク　　「了解。それじゃあ、6日以上かからないように**試してみて**もらえるかな？」

　これは害がないように聞こえるし、実際、マイクに悪意はないのだろう。だが、マイクがピーターに「本当に」求めていることは何だろうか？　「試してみる」とはどういう意味だろうか？
　このことについては、第2章「「ノー」と言う」でも説明した。**試してみる**とは含みのある言葉だ。ピーターが「試してみる」に合意したら、6日で作業を終わらせると「コミットメント」したことになる。他に解釈の余地はない。「試してみる」への合意は、「達成」への合意

第 10 章　見積もり

と見なされる。

　他の解釈はできるだろうか？　ピーターが「試してみる」とは、正確にどういうことなのだろうか？　8時間以上働くということだろうか？　これは明らかに暗黙的なことである。週末に働くということだろうか？　これも暗黙的。家族との休暇を犠牲にするということだろうか？　これも暗黙的だ。これらがすべて「試してみる」の一部になっている。ピーターがこうしたことをしなければ、マイクは彼を責めるだろう。

　プロは、見積もりとコミットメントを明確に区別する。うまくやれると確信できるまでコミットメントしない。**暗黙的**なコミットメントをしないように気をつける。マネージャが適切な計画を作れるように、見積もりの確率分布をできるだけ明確に伝える。

PERT

　PERT は、米国海軍ポラリス型原子力潜水艦プロジェクトのために、1957 年に作られたものである。PERT の要素の 1 つに、見積もりの計算方法がある。仕組みは非常に簡単だが、マネージャに適した確率分布に見積もりを効率よく変換できる。

　作業を見積もるときには、3 つの数値を使う。これは「**3 点見積もり**」と呼ばれている。

- **O**：楽観値。これは**極端に**楽観的な数値だ。何もかもがうまく進んで、すぐに作業が終わるときの数値だ。全体の 1%未満のときに計算がうまくいく[2]。ピーターの場合は、図 10-1 を参考にすると、1 日になる。
- **N**：標準値。これは最も確率の高い数値だ。図 10-1 のように棒グラフを描くと、棒がいちばん高いところになる。ピーターの場合は、3 日だ。
- **P**：悲観値。これは**極端に**悲観的な数値だ。ただし、ハリケーン・核戦争・ブラックホールに落ちるなどの大災害は考慮に入れない。これも全体の 1%未満のときに計算がうまくいく。ピーターの場合は、グラフの右端から出てしまうので、12 日にしておこう。

この 3 つの値を使って、以下のように確率分布の計算をする。

- $\mu = \dfrac{O + 4N + P}{6}$

　μ は予測される作業期間だ。ピーターの場合は、$(1 + 12 + 12)/6$ で約 4.2 日になる。確率

2　正規分布のときの正確な数値は、1:769 または 0.13%または 3 シグマである。外れる確率は 1/1000 だ。

146

分布のグラフは右側が大きくなることが多いので[3]、計算結果も悲観的なものになることが多い。

- $\sigma = \dfrac{P - O}{6}$

σ は確率分布の標準偏差[4]だ。これは作業の不確実性の尺度になる。この数値が高ければ、不確実性も高くなる。ピーターの数値は、$(12 - 1)/6$ で約 1.8 だ。

ピーターの見積もりは、$4.2/1.8$ になった。マイクは、5日以内にピーターの作業が終わると考えることができる。ただし、6日あるいは9日かかるかもしれない[5]。

しかし、マイクは1つの作業だけを管理しているわけではない。彼はプロジェクトのさまざまな作業を管理している。ピーターは、以下の3つの作業を順番にやらなければいけない。そこで、**表10-1** のように作業を見積もった。

表 10-1　ピーターの作業

作業	楽観値	標準値	悲観値	μ	σ
Alpha	1	3	12	4.2	1.8
Beta	1	1.5	14	3.5	2.2
Gamma	3	6.25	11	6.5	1.3

「Beta」作業はどうなっているだろうか？　ピーターはすぐに終わると思っているようだが、同時に見積もりが大きく外れる可能性もあるみたいだ。マイクはこのことをどのように解釈すべきだろうか？　ピーターに3つの作業を完了してもらうには、作業日数をどのように計画するとよいのだろうか？

簡単な計算式を使って、マイクはピーターの作業の合計と、作業全体の確率分布を導き出すことができる。計算は簡単だ。

- $\mu_{sequence} = \sum \mu_{task}$

一連の作業の期待値は、各作業の期待値の合計である。ピーターの作業は3つある。見積もりはそれぞれ $4.2/1.8 \cdot 3.5/2.2 \cdot 6.5/1.3$ なので、14日（$4.2 + 3.5 + 6.5$）以内に終わること

3　PERT では、ベータ分布に近づくとされている。したがって、最小期間の確率は最大期間の確率よりも高くなる。[McConnell2006]　図 1-3。

4　標準偏差のことを知らなかったら、確率や統計について調べてみるといいだろう。難しいものではないので、きっと役に立つはずだ。

5　訳注：6日は「$4.2 + \sigma = 6$」。9日は「$4.2 + 3\sigma = 9.6$」。

第 10 章　見積もり

になる。

- $\sigma_{sequence} = \sqrt{\sum \sigma_{task}^2}$

一連の作業の標準偏差は、各作業の標準偏差の平方和の平方根になる。したがって、ピーターの 3 つの作業の標準偏差は、以下のようになる。

$(1.8^2 + 2.2^2 + 1.3^2)^{1/2} =$

$(3.24 + 4.84 + 1.69)^{1/2} =$

$9.77^{1/2} = 3.13$

　これでマイクは、ピーターの作業が 14 日以内に終わることがわかる。ただし、17 日（1σ）や 20 日（2σ）かかる可能性もある。もっとかかることもあるが、その可能性はきわめて低い。

　見積もりの表に戻ろう。この表を見ると、3 つの作業を 5 日以内に終わらさなければいけない気がしないだろうか？　楽観値の合計が 5 日だからだ。標準値でも 10 日になる。どうして 14 日もかかるのだろうか？　どうして 17 日や 20 日もかかる可能性があるのだろうか？　その答えは、作業の不確実性に**現実味**が付加されているからである。

　数年以上の経験があるプログラマであれば、楽観的に見積もった値の 3〜5 倍の時間がかかったプロジェクトを見たことがあるだろう。PERT というのは、楽観的な予測を防止するためのものである。ソフトウェアのプロは、**試しに速くやってみて**というプレッシャーがかかっても、注意深く妥当な予測をする。

作業を見積もる

　マイクとピーターはとんでもない間違いを犯した。マイクはピーターに作業がどれくらいかかるかと聞いた。ピーターは正直に、3 点見積もりの結果を答えた。しかし、チームの意見はどうなっているのだろうか？　チームは異なる考えを持っていないのだろうか？

　見積もりのリソースとして最も重要なのは、周囲の人たちである。周囲の人たちには、君が見ていないものが見えている。彼らに手伝ってもらえれば、1 人でやるよりもずっと正確に見積もりができる。

148

広域デルファイ法

1970 年代にバリー・ベームが「広域デルファイ法[6]」と呼ばれる見積もり手法を紹介した。その後、多くの派生型が登場している。定式的なものもあれば、そうではないものもある。ただし、すべてに共通しているのは、合意である。

戦略は単純だ。チームで集まって、作業について話し合い、見積もりをする。見積もりが一致するまで議論を繰り返す。

ベームの手法には、無駄な会議や文書が含まれているように思う。私は、以下のようなコストのかからないシンプルな手法が好みだ。

フライングフィンガー

全員が机の周りに座る。一度に議論する作業は 1 つだけだ。それぞれの作業について、作業に必要なものは何か・混乱や複雑の原因となるもの何か・どのように実装するかなどを議論する。参加者は机の下に手を入れて、0〜5 本の指を出す。指の本数は、作業の見積もり時間を表している。司会が 1、2、3 と数えてから、参加者は一斉に机の下から手を出す。

全員が合意できたら、次の作業に進む。合意できなければ、その理由について議論する。これを合意できるまで続ける。

合意は完全なものでなくても構わない。見積もりが近ければそれで充分だ。例えば、4 本の人が多くて 3 本の人が少なければ、4 で合意すればいい。ただし、ほぼ全員が 4 本を出して、1 人だけ 1 本を出していたら、何らかの議論が必要だろう。

見積もりの単位は最初に決めておく。指の本数を作業の日数にしたり、「指の本数× 3 日」や「指の本数の 2 乗の日数」にしたりするのもおもしろい。

同時に指を出すのも重要だ。他の人を見てから自分の見積もりを変えてはいけない。

プランニングポーカー

2002 年にジェームス・グレニングが「プランニングポーカー」についての楽しい論文を書いてくれた[7]。広域デルファイ法の派生型だが、大変人気があり、各社がマーケティング用の粗品としてプランニングポーカーのカードを作っている[8]。planningpoker.com というサイトもあり、分散チームでもネット上でプランニングポーカーが使えるようになっている。

考えは非常に単純だ。見積もりをするチームのメンバにさまざまな数の描かれたカードを配る。数は 0〜5 があればいい。**フライングフィンガー**と論理的には同じだ。

6　［Boehm81］

7　［Grenning2002］

8　http://store.mountaingoatsoftware.com/products/planning-poker-cards

1つの作業を選んで全員で議論する。それから、司会者がカードを選ぶように全員に指示する。参加者は見積もりの数をカードから選び、他の人に見えないように裏返しにして机の上に置く。そして、司会者が一斉にカードを表に返すように指示する。

あとはフライングフィンガーと同じだ。合意できれば、見積もりを受け入れたことになる。合意できなければ、カードを手札に戻して議論を再開する。

正しいカードを出すために、多くの「科学」が用いられている。フィボナッチ数を使う人もいれば、無限やクエスチョンマークのカードを使う人もいる。個人的には、0・1・3・5・10の5枚のカードで充分だと思う。

親和的見積もり

広域デルファイ法の派生型で特徴的だったのは、数年前にローウェル・リンドストロームに見せてもらったものだ。私は、さまざまな顧客やチームでこの手法を使っている。

まだ見積もりをしていない作業をすべてカードに書き出す。カードを机や壁にランダムに配置する。チームがその周りに立ち、何も話さずにカードを並べ替える。時間のかかる作業は右へ移動する。時間のかからない作業は左へ移動する。

カードはいつでも誰でも移動できる。すでに誰かが移動したあとでも移動して構わない。n回以上移動したカードについてはあとで議論する。

すると、無言でカードを並べ替えていたのが、次第に議論が始まるようになる。カードの並べ替えに合意できないものについては、あとで調査する。設計について話し合ったり、手書きのワイヤフレームを作ったりして、合意を得ることもある。

次に、バケツの大きさに合わせて、カードとカードの間に線を引く。バケツというのは、日・週・ポイントなどを表した入れ物のことだ。フィボナッチ数列（1・2・3・5・8）のバケツを使うのが一般的である。

3点見積もり

広域デルファイ法の派生型は、作業の標準値を選ぶのに適している。だが、前述したように、できれば3点見積もりを使って確率分布にしたい。各作業の悲観値と楽観値は、広域デルファイ法の派生型を使ってすぐに算出できる。例えば、プランニングポーカーを使う場合は、悲観値に大きな数のカードを、楽観値に小さな数のカードを出してもらうようにする。

大数の法則

　見積もりには間違いがつきものだ。だから見「つもり」と呼ばれるのだ。間違いを管理するには、「**大数の法則**[9]」を利用すればいい。これは、大きな作業を小さな作業に分割して見積もりを合計すれば、大きな作業をそのまま見積もるよりも正確になるというものだ。正確になるのは、分割することで間違いが平準化されるからだ。

　正直なところ、これは楽観的すぎると思う。見積もりの間違いというのは、過大見積もりよりも過小見積もりになることが多く、平準化がうまくできるとは言いがたい。だが、大きな作業を小さな作業に分割して見積もるというのは、優れた手法である。いくつかの間違いは平準化できるし、作業についてよく理解できれば、予期せぬ事態に驚くことは少なくなる。

結論

　プロのソフトウェア開発者は、ビジネスが計画を立てるのに使えるような実用的な見積もりを提供する方法を知っている。守れないような約束はしない。果たせないようなコミットメントはしない。

　プロがコミットメントするときには、**具体的な**数値を挙げて、それを達成する。だが、プロがそのようなコミットメントをすることは少なく、予測完了時間と分散を使った確率的な見積もりを提供することが多い。

　プロの開発者は、マネジメントに渡す見積もりを他のチームメンバと一緒に見積もる。

　本章で紹介した手法は、プロの開発者が実用的な見積もりを出すための**一例**である。ここで紹介したものが最良のものというわけではなく、他にも同様の手法が存在するだろう。あくまでも、私にとって役に立った手法である。

参考文献

[McConnell2006]　Steve McConnell, *Software Estimation: Demystifying the Black Art*, Redmond, WA: Microsoft Press, 2006.（スティーブ・マコネル（著）・久手堅 憲之（監修）・田沢恵（翻訳）・溝口真理子（翻訳）『ソフトウェア見積もり—人月の暗黙知を解き明かす』日経 BP ソフトプレス）

9　http://en.wikipedia.org/wiki/Law_of_large_numbers（訳注・http://ja.wikipedia.org/wiki/大数の法則）

[Boehm81]   Barry W. Boehm, *Software Engineering Economics*, Upper Saddle River, NJ: Prentice Hall, 1981.

[Grenning2002]   James Grenning, "Planning Poker or How to Avoid Analysis Paralysis while Release Planning," April 2002, `http://renaissancesoftware.net/papers/14-papers/44-planing-poker.html`

プレッシャー 第11章

　幽体離脱をしているとしよう。手術台で外科医に開胸されている姿を自分で観察しているのだ。これは君の命を救うための手術だ。だが、時間が限られている。デッドライン（締め切り）のある手術というわけだ。**文字どおり**デッドライン（死のふち）である。

　君は外科医にどのような行動をして欲しいだろうか？　冷静に落ち着いて欲しいだろうか？　問題点を明確にしてサポートスタッフに的確な指示を与えて欲しいだろうか？　練習どおりに規律を守って欲しいだろうか？

　あるいは、焦ったり祈ったりして欲しいだろうか？　機器をたたいたり投げつけたりして欲しいだろうか？　非現実的な期待を抱くマネジメントを非難して、時間が足りないといつも不満を言って欲しいだろうか？　つまり、プロとして行動して欲しいだろうか？　それとも、典型的な開発者のように行動して欲しいだろうか？

　プロの開発者は、プレッシャーのなかでも落ち着いて判断ができる。どんなにプレッシャーが強くても、仕事の締め切りや約束を守るには、練習や規律を忠実に守るのが最善の方法だとわかっている。

第 11 章　プレッシャー

　1988 年に私は、Clear Communications 社で働いていた。スタートアップ企業だったが、ま
だ何も始まっていなかった。最初の資金を使い切ってしまったので、次々と資金調達をしなけ
ればいけなかった。

　最初の製品の構想はうまくいきそうだった。だが、アーキテクチャを固められなかった。最
初はソフトウェアとハードウェアの製品だったが、ソフトウェアだけになった。プラットフォー
ムは、PC から SPARCstation に変わった。顧客はハイエンドからローエンドに変わった。結
局、会社が収益を生み出す方法を探そうとするたびに、製品の目的がぶれまくっていたのだ。
私はそこに約 4 年間いたが、会社の利益は少しもなかったと思う。

　そのような状況で、我々ソフトウェア開発者は大きなプレッシャーをかけられていた。夜中
や週末にオフィスで端末を眺めることもあった。C 言語で書かれた関数は **3,000 行** もあった。
議論をすると絶叫や悪口が飛び交っていた。陰謀や策略がまん延していた。壁を殴る・ペンを
ホワイトボードに投げつける・同僚をバカにした画を壁に描くなど、怒りとストレスの連鎖は
とどまるところを知らなかった。

　締め切りはイベントで決まっていた。展示会や顧客のデモに向けて、機能を準備しなければ
いけなかった。顧客から頼まれたら、それがどんなにバカげたものであっても、デモの準備を
した。時間は常に足りなかった。作業は常に遅れていた。それでも、スケジュールは常に絶対
だった。

　週に 80 時間働けばヒーローになれる。顧客にデモができるようにハックすればヒーローにな
れる。うまくやれば昇進できる。できなければ解雇だ。それがスタートアップだ。「スウェッ
トエクイティ」と呼ばれるものだ。1988 年までの 20 年の経験で、私はそのことを受け入れて
いた。

　私は開発マネージャだった。部下のプログラマたちには、作業をもっと多く・速くやるよう
に言っていた。私も週 80 時間勤務の 1 人だった。午前 2 時に 3,000 行の C 言語の関数を書いて
いた。家では父親不在の子どもたちがぐっすりと眠っている。私もペンを投げつけて叫ぶ連中
の 1 人だった。できないヤツらは解雇した。最悪だ。私も最悪だ。

　妻から鏡に映った姿を見てみなさいと言われた。ひどいものを見てしまった。顔が死んでい
ると言われた。私もそう思った。だが、妻から言われたことが気に入らない。怒鳴りつけて家
を出た。行くあてもなく歩き続けた。歩くたびに怒りが増してきた。30 分ほど歩いたところで
雨が降りだした。

　すると、心のどこかで何かが起きた。私は笑いだした。自分の愚かさを笑った。自分のスト
レスを笑った。自分や他人の人生を不幸にしてきた鏡のなかの最低野郎を笑った。何だかよく
わからないけど、何かの名において。

　その日からすべてが変わった。頭のおかしい労働時間を改めた。ストレスに満ちた生活を改
めた。ペンを投げるのも、3,000 行の C 言語の関数を書くのもやめた。自分の仕事はうまくやっ

て楽しもうと決めた。

仕事はできるだけプロらしく辞めた。そして、コンサルタントになった。その日から、誰か
を「ボス」と呼ぶことはなくなった。

プレッシャーから逃れる

プレッシャーのなかで平静でいるには、プレッシャーを**生み出す**状況から逃れることだ。こ
れで完全に取り除かれるわけではないが、プレッシャーの軽減と期間の短縮につながる。

コミットメント

第10章「見積もり」で明らかにしたが、達成できそうもない締め切りにコミットメントし
ないことが大切だ。ビジネスはリスクを排除したいので、常にコミットメントを求めてくる。
我々は、リスクを定量化してビジネスに提示し、適切に管理できるようにしてあげなければい
けない。それを妨げるような非現実的なコミットメントは、ビジネスと開発者の両方に危害を
加えることになる。

コミットメントは我々がするものである。だが、我々に相談せずに、ビジネスが顧客と約束
することもある。そのような場合には、そのコミットメントを果たせるようにビジネスを助け
なければいけない。ただし、コミットメントを**受け入れる**わけでは**ない**。

この違いが重要だ。プロであれば、ビジネスに手を貸して目標を達成できるように務めるが、
それは必ずしもビジネスのコミットメントを受け入れたということではない。顧客との約束を
果たす方法が見つからなかったら、約束をした本人が責任を果たさなければいけない。

そんなことを言うのは簡単だが、コミットメントが果たせなかったことが原因で経営が失敗
し、給料の支払いが遅れるとしたら、強いプレッシャーを感じずにはいられないだろう。だが、
常にプロとして振る舞っておけば、新しい職を探すときに堂々としていられるものだ。

クリーンでいる

締め切りに追われて速く仕事をするには、クリーンでいることだ。プロであれば、仕事を速
くしようとして、乱雑の誘惑に負けることはない。「拙速」の矛盾を理解しているからだ。つた
ないのであれば、それは遅いのだ！

システム・コード・設計をできるだけクリーンにすれば、プレッシャーから逃れることがで
きる。これはコードを永遠に磨くということではない。乱雑を許容しないということだ。乱雑

155

第11章　プレッシャー

は速度を落とす。その結果、締め切りやコミットメントが守れなくなる。そのためには、できるだけいい仕事をして、成果物をできるだけクリーンにするのだ。

緊急時の規律

　緊急時になれば、自分が何を信じているのかがわかる。規律を守っていれば、その規律を本当に信じているということだ。逆に言うと、緊急時に普段の行動を変えてしまえば、その行動を信じていないということだ。

　平常時にTDDの規律を守り、緊急時にそれを守らないとすれば、TDDの効果を心から信じていないということだ。平常時にコードをクリーンに保ち、緊急時に乱雑にするのであれば、乱雑が速度を落とすことを信じていないのだ。平常時にペアを組まず、緊急時にペアを組むのであれば、ペアのほうが効率的だと信じているのだ。

　緊急時に安心して守れるような規律を選ぼう。**そして、それを常に守ろう。**規律を守ることが緊急時から逃れる最善の方法である。

　ピンチに陥っても行動を変えてはいけない。規律が最善の方法であれば、緊急時になっても守るべきである。

プレッシャーを乗り越える

　プレッシャーを未然に防止・軽減・排除しようとするのも結構だが、プレッシャーというのはそれでもやってくるものだ。当初の想定よりもプロジェクトに時間がかかることもある。当初の設計が間違っていて、やり直さなければいけないこともある。大切なチームメンバや顧客を失ってしまうこともある。守れないコミットメントをしてしまうこともある。では、どうすればいいのだろうか？

慌てない

　ストレスを管理しよう。夜に眠れないからといって速く解決できるわけではない。イライラすればどうにかなるものでもない。最悪なのは大急ぎでやることだ！　その誘惑には何としても抵抗しなければいけない。大急ぎでやっても穴がさらに深くなるだけだ。

　速度を落とそう。問題についてじっくり考えよう。考え得る最善の成果を出すための道筋を描こう。そして、適度で安定した速度でその成果に向かっていこう。

156

コミュニケーション

チームや上司に困った状況にいると伝えよう。最善だと思う解決策を提示してみよう。アドバイスや助言を求めよう。ただし、驚かせないようにしよう。驚かせてしまうと、怒ったり平常心ではいられなくなったりする。驚かせるとプレッシャーが 10 倍になる。

規律を信頼する

先に進むのが難しいと思ったら**規律を信頼しよう**。自分の**持つ**規律は、プレッシャーのかかった状況ではガイドになる。規律に目を向けよう。疑問を感じたり排除したりするときでは**ない**。

焦ってもっと速くできる何かを探すよりも、熟考して自分の選んだ規律を守るようにしよう。TDD の規律を守っているのであれば、いつもよりもテストをたくさん書こう。「容赦ないリファクタリング」をしているのであれば、もっとリファクタリングをしよう。関数を小さく保っているのであれば、もっと小さくしてみよう。プレッシャーのある状況を切り抜ける唯一の方法は、うまくいくとわかっているものを信頼することだ。それが規律だ。

助けを呼ぶ

ペアになるんだ！ 危なくなったら、ペアでプログラミングをしてくれる仲間を探そう。きっと不具合が少なくなり、仕事が早く終わるだろう。ペアのパートナーがいると、規律を保つことができるし、焦らずに済む。パートナーは、君が見逃しているところを見つけてくれる。役に立つアイデアを持っている。集中力がなくなったときに緊張感を持たせてくれる。

誰かにプレッシャーがかかっていたら、こちらからペアを申し出よう。抜け出せない穴から出るのを手伝ってあげよう。

結論

プレッシャーをうまく扱うコツは、できるだけプレッシャーから逃れることだ。それができなければうまく乗り越えるのだ。プレッシャーから逃れるには、コミットメントを管理して、規律を守り、クリーンに保とう。プレッシャーを乗り越えるには、落ち着いて、コミュニケーションをとって、規律を守って、助けを呼ぼう。

協力 第12章

　多くのソフトウェアはチームで開発する。チームの力が最も発揮されるのは、メンバがプロとして協力したときである。チームのなかで孤立するのはプロではない。

　1974年に私は22歳だった。我が素晴らしき妻アン・マリーと結婚してわずか半年後のことだ。長女のアンジェラはまだ生まれていなかった。当時は、Teradyne社のChicago Laser Systems部門で働いていた。

　隣で働いているのは、高校時代からの友人ティム・コンラッドだ。ティムとはいろんな奇跡を起こした。ティムの地下室で一緒にコンピュータを作ったこともある。鉱山で縄ハシゴを作ったこともある。PDP-8のプログラミングの方法や、集積回路とトランジスタをつなぎ合わせて計算機にする方法を一緒に学んだこともある。

　我々は、超精密なレジスタやコンデンサなどの電子部品をレーザーで削るシステムのプログラムを担当していた。例えば、世界初のデジタル時計モトローラパルサーの水晶を削ったのも我々だ。

　我々がプログラミングに使っていたコンピュータは、Teradyne社のPDP-8クローンであるM365だった。プログラム言語はアセンブリ言語だ。ソースファイルは磁気テープカートリッジに保存した。画面で編集することもできたが、その処理がとても複雑だったので、リストを

159

第 12 章　協力

印刷してからコードを読んでいた。

コードを検索するものはなかった。関数の呼び出しや定数の使用箇所を特定する方法もなかった。おそらく想像されているとおり、このことが大きな障害となっていた。

そこで、ティムと私でクロスリファレンスを作成するプログラムを作ることにした。テープからソースを読み込んで、すべてのシンボルのファイル名と行番号を印字するプログラムだ。

最初のプログラムは簡単に書けた。テープからソースを読み込んで、アセンブラの文法をパースし、シンボルテーブルを作ってから、項目ごとにリファレンスを追加した。これでうまく動いた。だが、ものすごく遅かった。マスターオペレーティングプログラム（MOP）の処理には1時間以上かかった。

遅い原因は、メモリバッファにあるシンボルテーブルが大きくなることにあった。新しいリファレンスを見つけたら、バッファの内容を移動してから新しく挿入するようにしていたのだ。

ティムと私は、データ構造やアルゴリズムのことがよくわかっていなかった。ハッシュテーブルや二分探索は名前も聞いたことがなかった。アルゴリズムを高速化するヒントを何も持っていなかったのだ。わかっているのは、自分たちのやっていることが遅すぎるということだけだった。

1つずつ試していった。リファレンスをリンクトリストに入れてみた。配列にギャップを残しておいて、ギャップがいっぱいになったときだけバッファを大きくしてみた。ギャップのリンクトリストを作ってみたりもした。ありとあらゆるアイデアを試してみた。

オフィスにあるホワイトボードの前に立って、データ構造の図を描き、パフォーマンスを計算してみた。会社に来ては毎日新しいアイデアを試した。まるで仕事マニアのようだった。

なかにはパフォーマンスが向上するものもあった。だが、逆に遅くなるものもあった。本当にイライラした。ソフトウェアの最適化がいかに難しいか、いかに直感的なプロセスではないかが、はじめてわかった。

最終的に処理が15分以内に収まった。これは、ソースをテープから読み込む時間とほぼ同じだ。我々はこれで満足した。

「プログラマ」対「ピープル」

我々はみんなと働きたいからプログラマになったわけではない。一般的に、対人関係は面倒で予測できないものである。我々は、プログラムで動くクリーンで予測可能なマシンの振る舞いが大好きだ。1人で部屋にこもり、おもしろい問題に何時間も集中するのが最高の幸せだ。

ちょっと一般化しすぎた。例外はたくさんある。多くのプログラマが、みんなと一緒にうまく働いているし、そのことを楽しんでいる。だが、全体として見ると、私が言ったような方向

に進む傾向がある。我々プログラマは、周囲から感覚を遮断して、何かに**没頭**するのを楽しんでいる。

「プログラマ」対「雇用主」

70〜80年代にTeradyne社でプログラマとして働いていた頃、私はデバッグが**本当**に得意になった。何よりもやりがいがあったし、気力と情熱で問題に取り組んだ。どんなバグも私から逃れることはできなかった！

バグを解決したときには、何かに優勝したような気持ちになった。あるいはジャバウォック[1]を退治したような気持ちだ。ヴォーパルブレード[2]を手に持ち、上司のケン・ファインダーのところへ行って、バグがどれだけ**おもしろい**ものだったかを情熱的に語ったものだ。だが、ある日、ケンの不満が爆発した。「バグがおもしろいわけないだろ。そんなもん修正すりゃいいんだよ！」

私は学んだ。情熱的になるのはいいことだ。だけど、給料を支払ってくれる人の目標にも目を向けなきゃいけない。

プロのプログラマの第一の責任は、雇用主の要求を満たすことだ。つまり、マネージャ・ビジネスアナリスト・テスター・他のチームメンバと協力して、ビジネス目標を**深く理解する**ということだ。仕事一筋になれというわけじゃない。なぜコードを書いているのか、君を雇用しているビジネスがそこからどうやって利益を得ているのかを理解しなければいけない**ということだ**。

プロのプログラマとして最悪なのは、ビジネスが破綻しているのに、満足気に技術の墓場に没頭することだ。ビジネスを沈めさせないのが**仕事**だろ！

プロのプログラマは、ビジネスについて理解する時間を作る。ソフトウェアを使うユーザに話を聞く。営業やマーケティングに問題点を聞く。マネージャにチームの短期と長期の目標を聞く。

つまり、自分が乗った船に注意を払うということだ。

私がプログラミングの仕事を解雇されたのは、1976年が最初で最後だった。当時は、Outboard Marine Corp社で働いていた。IBM System/7を使って、アルミニウムのダイカストマシンを監視する工場自動化システムの開発を手伝っていた。

技術的には、やりがいのある仕事だった。System/7のアーキテクチャは素晴らしかったし、工場自動化システムは非常におもしろかった。

チームは優秀だった。リーダーのジョンは有能でやる気もあった。同僚のプログラマの2人

---

1 訳注：ルイス・キャロル『鏡の国のアリス』の詩に登場するモンスターのこと。
2 訳注：ジャバウォックを退治する剣。

は親切で心強かった。プロジェクトのために設けられた開発室があり、我々はそこで仕事をしていた。ビジネスパートナーもその開発室に一緒にいた。マネージャのラルフは有能で集中力があり、責任感もあった。

すべてがうまくいくはずだった。問題は、私だった。プロジェクトや技術に対する情熱は充分だった。だが、24歳の若造は、ビジネスや社内政治について何も考えていなかったのだ。

最初の失敗は初日に起きた。ネクタイを締めずに出社してしまったのだ。面接ではネクタイを締めていたし、みんながネクタイを締めているのも目にしていたが、それを関連付けることができなかった。初日からマネージャのラルフに「ここではネクタイを締めるんだ」と言われてしまった。

ものすごく不快だった。最悪だった。それから毎日ネクタイを締めるようになったが、嫌で嫌で仕方なかった。でも、なぜだろう？　入社前からネクタイを締めることはわかっていたはずだ。どうしてこんなにイライラするんだろう？　それは、私が自己中心的で、ナルシストで、軟弱なヤツだったからだ。

定時どおりに会社に着くことができなかった。別に大したことじゃないと思っていた。「いい仕事」をすればいいと思っていた。いい仕事をしていたのは本当だ。プログラムを書く仕事はちゃんとやっていた。すぐにチームで最も技術力のあるプログラマになった。他の誰よりも速く優れたプログラムを書くことができた。問題の原因をすぐに突き止めて解決することができた。自分は役に立っていると**思っていた**。だから、予定や時間なんて大したことじゃないと思っていた。

解雇が決定的になったのは、会議に遅れた日のことだった。どうやらジョンが月曜日にデモをしたいと言っていたらしい。そのことは知っていた。だけど、予定や時間は自分にとって重要だとは思っていなかった。

システムはまだ開発段階だった。本番ではなかったのだ。だから、誰もいない開発室でシステムを稼動させておく理由はなかった。金曜日に最後まで残っていたのは、私だった。システムを動かない状態にしたのは、私だった。月曜日のデモが重要だということが、私の脳から欠けていたのだ。

月曜日は1時間遅れて会社に行った。すると、みんなが浮かない顔をして動かないシステムの周りに集まっている。ジョンが私に「なぜシステムが動かないんだ？」と聞いてきた。私は「わかりません」と答えて、デバッグを始めた。このときはまだデモのことに気づいていなかった。だが、みんなの雰囲気からすると、何か問題があることはわかった。ジョンがこちらへやってきて、「スタインバーグが来たらどうするんだ？」と耳元でささやいた。そして、あきれた顔で立ち去っていった。

スタインバーグというのは、自動化担当のバイスプレジデントだ。今で言うとCIOだろうか。それにしても、スタインバーグが来たらどうするんだ？　って、何を言ってるんだ。「だから

162

何?」って感じだ。システムは動いていないけど、それが問題なんだろうか?

その日のうちに警告文書を受け取った。すぐに態度を改めるか、それができなければ「即刻解雇」だそうだ。何だこれ!

しばらく自分の行動を分析してみたところ、私が間違っていたことに気づいた。ジョンとラルフにそのことを伝えた。そして、自分自身や仕事のやり方を変えることにした。

実際に変えたのだ! 遅刻をやめた。社内政治に注意を払うようになった。ジョンがなぜスタインバーグのことが気になるのかを理解した。月曜日にシステムが動かなかったことで、彼がすごくマズい状況にあったことを理解した。

だが、それは何の解決にもならなかった。遅すぎた。サイは投げられたのだ。1か月後に2通目の警告文書が届いた。ごく小さな間違いをしたのだ。そのときに、警告文書は形式的なものであり、すでに解雇が確定していることに気づくべきだった。それなのに、私はそんな状況から抜け出そうとして、これまで以上に仕事を頑張ったのだ。

数週間後、会議室に呼ばれて解雇を告げられた。

その日は家に帰った。家ではおなかに子どもを宿した22歳の妻が待っている。彼女に解雇されたと伝えなければいけない。こんな経験は二度とゴメンだ。

「プログラマ」対「プログラマ」

プログラマは他のプログラマと協力して仕事をするのが苦手なことが多い。これが大きな問題につながることもある。

コードの所有

機能不全のチームの最悪の症状は、プログラマが**自分の**コードの周りに壁を作り、他のプログラマに触らせようとしないことだ。他のプログラマにコードを**見せない**現場も経験したことがある。これは大惨事の原因だ。

高機能プリンタを作っている会社にコンサルティングをしたことがある。プリンタには、供紙装置・印刷装置・用紙スタッカー・ホッチキス・裁断機などのさまざまな装置がついていた。装置のビジネス価値はそれぞれ違っていた。例えば、用紙スタッカーよりも給紙装置のほうが大切なものだった。なかでも印刷装置が最も大切なものだった。

プログラマには**自分の**装置があった。給紙装置を担当するプログラマ、ホッチキスを担当するプログラマ、といった具合だ。プログラマは、自分の装置の技術を独占し、他のプログラマにプログラムを触らせようとしなかった。プログラマの影響力の強さは、担当する装置のビジネス価値に比例していた。つまり、印刷装置のプログラマに敵はいなかった。

これは技術的な大惨事をもたらす。私はコンサルタントとして、コードに大量の重複が含ま

第 12 章　協力

れていることに気づいた。また、モジュール間のインタフェースが完全にゆがんだものになっていることもわかった。だが、私の主張はプログラマには（ビジネスにも）届かなかった。彼らの給与評価が、担当する装置のビジネス価値と密接に結びついていたからだ。

共同所有

　個人がコードを所有するという考えはやめて、チームがすべてのコードを所有すべきだ。メンバがモジュールをチェックアウトして、自由に変更できるチームが私は好きだ。個人ではなく、**チーム**にコードを所有してもらいたい。

　プロの開発者は、他人がコードを触るのを禁止しない。コードの所有権に壁を作るのではなく、システムの多くの部分をみんなで一緒に作ろうとする。一緒に作ることでお互いに学び合うことができるのだ。

ペア

　多くのプログラマは、ペアプログラミングを嫌っている。緊急事態にはペアで仕事を**する**のだから、これはおかしなことではないだろうか。問題解決にはペアで取り組むのが最も効率的な方法だ。昔から「1 人の頭脳より 2 人の頭脳」と言うではないか。それなのになぜ普段からペアを組まないのだろうか？

　調査結果を引用するのはやめておこう。事例を語るのもやめておこう。どれだけペアを組めばいいのかも言わないでおこう。ここで言いたいのは、**プロはペアを組む**ということだ。それが問題解決の最も効率的な方法だからだ。だが、それだけが理由じゃない。

　プロがペアを組むのは、それが知識の共有に最善の方法だからだ。プロは、自分専用の知識の貯蔵庫を作るのではなく、ペアを組んでシステムやビジネスについて一緒に学ぶ。チームメンバに役割はあるが、いざというときには他のメンバの代わりになれるようにしておくべきだ。

　プロがペアを組むのは、コードのレビューに最善の方法だからだ。他のプログラマがレビューしていないコードでシステムを作ってはいけない。コードレビューにはいくつもの方法があるが、そのほとんどはまるで効果がない。最も効率的で最も効果的な方法は、一緒に協力してコードを書くことだ。

小脳

ドットコムブームの最盛期の 2000 年。ある朝、私は電車でシカゴに向かった。駅のホームに降りようとしたとき、降車ドアの上に掛けられた巨大な広告に目を奪われた。有名なソフトウェア会社がプログラマを募集していたのだ。そこには「**最高の小脳を擦り合わせに来い**」と書かれてあった。

あまりのアホさに衝撃を受けた。頭の悪い広告業界の人たちが、技術力の高い知的なプログラマに訴えかけようとしたのだろう。だが、プログラマというのは、こういうアホなことが我慢できない人たちなのだ。この広告は「知的な人たちと知識を共有する」みたいなイメージで作られたのだろう。そのために、脳の一部である「小脳」を引き合いに出したのだ。言っておくが、小脳は知能ではなく、筋肉を司る脳だ。広告が訴えかけようとした知的な人たちは、この間違いを見て鼻で笑っているのだ。

私が興味を持ったのは他にある。世の中には小脳を擦り合わせようとする人たちがいるということだ。小脳は後頭部の奥にある。小脳を擦り合わせるには、顔を背けて後頭部を向かい合わせなければいけない。キュービクルで背中を向けながら、ヘッドフォンをして画面を凝視しているプログラマの姿が目に浮かんだ。**これなら小脳を擦り合わせることができる**。だが、それはチームではない。

プロは**一緒に**働く。1 人でヘッドフォンをして端っこに座っていては、仕事なんかできない。お互いに**顔を向け合って**机の周りに座って欲しい。お互いの不安を感じて欲しい。誰かの不満のつぶやきが聞こえるようにして欲しい。言葉や動作で、予期しない偶然のコミュニケーションを経験して欲しい。みんなで一緒にコミュニケーションをして欲しい。

1 人だといい仕事ができると思っているかもしれない。確かにそういうこともある。だが、1 人だと**チームよりも**いい仕事ができるわけではない。実際、1 人だとチームよりもいい仕事ができ**ない**。

1 人で仕事をしたほうがいいときもある。1 人で問題のことをじっくり考えなければいけないときもある。つまらない作業に複数人で取り組むのは無駄なこともある。だけど、みんなで協力したりペアで取り組んだりするのが、最高なのだ。

結論

誰かと一緒に働くためにプログラミングを始めたわけではないかもしれない。それは残念だ。プログラミングとは、**誰かと一緒に働くことなんだ**。プログラマはビジネスと一緒に働かなけ

第 12 章　協力

ればいけない。他のプログラマと一緒に働かなければいけない。

　わかったわかった。巨大なモニタ 6 台・T3 回線・超高速並列プロセッサ・無限のメモリと
ディスク・ダイエットコーラとピリ辛コーンチップの絶え間ない供給さえあれば、部屋にこもっ
て最高だって言いたいんだろ？　あーあ。それは違う。1 日中プログラミングをしていたかっ
たら、何かと話すことを覚えよう。それは、人間だ[3]。

3　映画「ソイレント・グリーン」の最後のセリフ。

チームとプロジェクト 第13章

　やらなきゃいけない小さなプロジェクトがたくさんあったらどうするだろう？　プロジェクトをどのようにプログラマに割り振ればいいのだろう？　やらなきゃいけない巨大なプロジェクトがあったらどうだろう？

混ぜる？

　私は長年、銀行や保険会社のコンサルティングをしてきた。彼らに共通しているのは、プロジェクトを分割する奇妙なやり方だ。

　銀行のプロジェクトというのは、1～2人のプログラマが数週間で終わるような比較的小さな仕事が多い。プロジェクトマネージャには、他のプロジェクトの管理をしている人が割り当てられる。ビジネスアナリストには、他のプロジェクトの要求分析をしている人が割り当てられる。プログラマには、他のプロジェクトのプログラミングをしている人が割り当てられる。テ

167

スターには、他のプロジェクトのテストをしている人が割り当てられる。

　パターンが見えただろうか？　プロジェクトが小さいので、専任の担当者がいないのだ。誰もがプロジェクトに 50%あるいは 25%しか関わっていない。

　1 つのルールがある。「半分人間などいない」。

　1 人のプログラマにプロジェクト A とプロジェクト B を半分ずつお願いするのはおかしな話だ。プロジェクトごとにプロジェクトマネージャ・ビジネスアナリスト・プログラマ・テスターが違うのであればなおさらだ。半分の怪物を呼び出せると思っているのだろうか？　それはチームじゃない。ミキサーから取り出した何かだ。

ゲル状のチーム

　チーム作りには時間がかかる。まずは、チームメンバの関係作りから始めなければいけない。お互いに協力の仕方を学ぶのだ。お互いの変な癖・長所・短所を学び合うのだ。そうすることで、最終的にチームは**ゲル状**[1]になる。

　ゲル状のチームには魔法がある。奇跡が起こせる。お互いに期待している。お互いを助ける。お互いに支え合う。お互いにベストを求める。何かを起こすのだ。

　ゲル状のチームは 12 人程度がいい。20 人のように多かったり、3 人のように少なかったりする場合もあるが、最適な人数はおそらく 12 人あたりだろう。チームには、プログラマ・テスター・アナリストが必要だ。それから、プロジェクトマネージャもいるといいだろう。

　プログラマとテスターやアナリストの比率は、かなりバラツキはあるが、2 対 1 がいい。例えば、12 人のチームであれば、プログラマ 7 人・テスター 2 人・アナリスト 2 人・プロジェクトマネージャ 1 人がいいだろう。

　アナリストは、要求の開発と自動受け入れテストの記述をする。テスターも自動受け入れテストの記述をするが、それぞれ視点が異なる。どちらも要求を記述するのは同じだが、アナリストはビジネス価値を、テスターは正確さを重視する。また、アナリストは正常系を記述し、テスターは異常系を考えて失敗や境界を記述する。

　プロジェクトマネージャは、チームの進捗を把握して、スケジュールや優先度をチームに理解してもらうようにする。

　チームがプロセスや規律を守れるように、チームメンバの 1 人がコーチやマスターの役割を担うこともある。スケジュールのプレッシャーでチームがプロセスを外れようとしたときに、チームの良心として振る舞うのだ。

1　訳注：gelled（jelled）には「きずなが強い」という意味がある。

発酵

チームがお互いの違いを認め合い、本当のゲル状になるには時間がかかる。時には半年や1年かかることもある。だが、それが起きてしまえば、あとは魔法だ。ゲル状のチームは一緒に計画する。一緒に問題解決をする。一緒に課題に向かう。一緒に**仕事を成し遂げる**。

このような状態になれば、プロジェクトが終了したからといって、チームを解散するのはおかしなことだ。チームを維持し、チームにプロジェクトを与え続けるのがいい。

チームとプロジェクトはどちらが先か？

銀行や保険会社は、プロジェクトの周りにチームを作ろうとしていた。これはバカげた手法である。チームは簡単にはゲル状になれない。プロジェクトへの関わりが短期間だったり、自分の時間の数%だけだったりすると、他のメンバとの付き合い方が学べない。

プロの開発組織は、プロジェクトの周りにチームを作ることはせず、既存のゲル状のチームにプロジェクトを割り当てる。ゲル状のチームは、同時に複数のプロジェクトを受け持つこともできる。考え・スキル・能力に応じて作業を配分するのだ。ゲル状のチームはきっとプロジェクトを成し遂げるだろう。

でも、どうやって管理するの？

チームには速度[2]がある。チームの速度とは、一定期間内に成し遂げられる作業量のことだ。1週間の**ポイント**で速度を計測するチームもある。ポイントとは、複雑さの単位のことだ。プロジェクトの機能を分解して、ポイントで見積もり、1週間で何ポイント完了できるかを計測する。

速度は統計的な尺度である。ある週には38ポイント、次の週には42ポイント、その次の週には25ポイントということもある。時間がたてば平均値が出せる。

マネジメントは、チームに割り当てられたプロジェクトに対して、それぞれの目標を設定することができる。例えば、速度50ポイントのチームが3つのプロジェクトを担当している場合、労力がそれぞれ15・15・20の割合になるようにマネジメントからお願いする。

ゲル状のチームがプロジェクトを担当しておけば、緊急時にビジネスから「プロジェクトBが緊急事態だ。これから3週間はプロジェクトBに100%の力を傾けて欲しい」と伝えることもできる。

ミキサーから取り出したチームでは、プロジェクトの優先度をすばやく変更するのは事実上不可能だ。一方、同時に2〜3個のプロジェクトを担当しているゲル状のチームならば、急な対応も可能である。

---

2 ［RCM2003］pp. 20-22、［COHN2006］速度に関する優れた参考文献が載っている。

プロジェクトオーナーのジレンマ

　私が提唱する手法では、プロジェクトオーナーの安心や権力が失われてしまうという反論がある。専任チームを持つプロジェクトオーナーは、チームにプロジェクトを任せることができる。チームの形成・解散のコストが高いことはビジネスもよく知っているので、短期間でチームを手放すようなことはしない。

　複数のプロジェクトを担当するゲル状のチームであれば、ビジネスはプロジェクトの優先度を自由に変えることができる。プロジェクトオーナーは未来を不安に思うかもしれない。プロジェクトのリソースが急にいなくなるかもしれないからだ。

　私なら後者を選ぶ。チームの形成・解散という表面上の難しさに捕らわれてはいけない。ビジネスがプロジェクトの優先度を決定したら、リソースをすばやく再配分できるようにすべきだ。プロジェクトの重要性を決めるのは、プロジェクトオーナーの責任である。

結論

　チームはプロジェクトよりも作るのが難しい。したがって、1つのチームがプロジェクトを移動したり、同時に複数のプロジェクトを担当したりするのがよいだろう。チーム作りの目標は、ゲル状になる充分な時間をチームで一緒に過ごし、多くのプロジェクトを成し遂げられるようになることだ。

参考文献

[RCM2003] 　　Robert C. Martin, *Agile Software Development: Principles, Patterns, and Practices*, Upper Saddle River, NJ: Prentice Hall, 2003.（ロバート・C・マーチン（著）、瀬谷啓介（翻訳）『アジャイルソフトウェア開発の奥義』ソフトバンククリエイティブ）

[COHN2006] 　Mike Cohn, *Agile Estimating and Planning*, Upper Saddle River, NJ: Prentice Hall, 2006.（マイク・コーン（著）、安井力（翻訳）、角谷信太郎（翻訳）『アジャイルな見積もりと計画づくり』毎日コミュニケーションズ）

指導・徒弟制度・職人気質　第14章

　コンピュータサイエンス専攻の卒業生にはいつもがっかりさせられる。頭が悪いとか才能がないとかってわけじゃない。プログラマがどんなものかを教わっていないのだ。

学位の不全

　以前、ある有名大学のコンピュータサイエンスの修士課程に在籍しているという若い女性を面接したことがある。サマーインターンに応募してきたのだ。彼女にコードを書くのを手伝って欲しいとお願いしたところ、「私、コードは書かないんです」と返ってきた。

　上の段落をもう一度読み直してから、次の段落に進んで欲しい。

　修士課程では何のプログラミングの授業を受けたのかと聞いてみた。すると彼女は、プログラミングの授業は受けていないと言う。

171

第14章　指導・徒弟制度・職人気質

これは別の世界に来てしまったか、悪い夢でも見ているんじゃないかと思って、本章の頭から読み直そうとしているかもしれないね。

あるいは、コンピュータサイエンスの修士課程の学生がどうやってプログラミングの授業を受けずに済むんだと自問自答しているかもしれないね。私もそのときはそう思った。今でも不思議に思っている。

もちろん、これは極端な例だ。コンピュータサイエンスの学生がみんな残念というわけではない（そんなことは全然ないよ！）。だが、あることをしている人はほとんどいない。それは、大学に入る前から**自分でプログラミングを勉強**し、大学に入ってからも大学の授業以外でプログラミングを勉強することだ。

誤解しないで欲しいのだが、大学では素晴らしい教育を受けられると思う。しかし、大学で遊んで過ごして、卒業証書をもらっただけ、なんてことも考えられる。

他にも問題はある。コンピュータサイエンスの最高の授業であっても、実際の現場で身につけることは教えてもらえないのだ。大学の授業を非難しているわけではない。学校で学べることと仕事で学べることが大きく違うだけだ。

指導

プログラミングはどのようにして学ぶのだろうか？　私が指導を受けたときの話を聞かせてあげよう。

はじめてのコンピュータはDigi-Comp I

それは1964年のことだった。12歳の誕生日に母親が小さなプラスティックのコンピュータを買ってくれた。Digi-Comp I[1]というコンピュータだ。3つのフリップフロップと6つのANDゲートがついていた。フリップフロップの出力をANDゲートの入力に接続したり、ANDゲートの出力をフリップフロップの入力に接続したりできた。つまり、これで3ビットの有限状態機械が作れるというわけだ。

このキットにはマニュアルがついていて、いくつかのプログラムが実行できるようになっていた。小さなチューブ（短いストロー）をフリップフロップの突起に挿せば、このマシンにプログラムすることができる。ただし、マニュアルにはチューブの挿し方は書かれていたが、それがどうなるかは書かれていなかった。すごくイライラした！

1　多くのウェブサイトで、この小さなコンピュータのシミュレータが提供されている。

マシンを何時間も見つめた。そして、どうやって動いているかを低レベルから究明しようと思った。だが、どうしてもできなかった。マニュアルの最後のページに、代金を支払えばプログラムのマニュアルを送付すると書いてあった[2]。

代金を支払った。12歳には待ちきれなかった。プログラムのマニュアルが届くと食い入るように読んだ。ブール代数をブール方程式の基本的要素・結合法則・分配法則・ド＝モルガンの定理に変換する長ったらしい説明が書いてあった。問題をブール方程式で表現するための説明だ。方程式を6つのANDゲートに置き換える方法についても説明されていた。

それが、私にとってはじめてのプログラムだった。名前も覚えている。「Mr. Patternson's Computerized Gate」だ。方程式を書いて、変換して、マシンのチューブと突起にマッピングすると、**動いた！**

今、これを書いていて、背中がゾクゾクした。このゾクゾク感は、約50年前に12歳が感じたものと同じだ。私は夢中になったのだ。そんな経験はもうないだろう。

はじめてプログラムが動いた瞬間を覚えているだろうか？　それは君の人生を変えただろうか？　後戻りできない道を進むことになっただろうか？

私は自分の力ではできなかった。だから、**指導してもらった**のだ。親切な熟練者たちが12歳でもわかるブール代数の説明を書いてくれた（どんなに感謝してもしきれない）。数学理論をプラスティックのコンピュータに組み込んで、私が自由にできる力を与えてくれたのだ。

運命のマニュアルを手に入れたのだ。今でもビニール袋に入れて保管してある。しかし、長い年月の経過で、ページは色あせ、破れかけている。それでも、その言葉の力は今でも輝きを失っていない。ブール代数の説明はわずか3ページ。プログラムの方程式の説明は今でも感動的だ。これは熟練の仕事である。少なくとも若かりし頃の私の人生を変えてくれた。ただし、著者の名前がわからない。

高校時代のECP-18

高校に入学した15歳の頃は、数学教室に集まるのが好きだった（信じられない！）。ある日、テーブルソーくらいの大きさのマシンが運び込まれた。それは、高校生向けの教育用コンピュータで、ECP-18というものだった。デモ用に2週間ほど貸し出されたのだ。

先生と技術者が話しているのを後ろに立って聞いていた。このマシンは、15ビットワード（**ワードって何だ？**）で、1024ワードのドラム記憶装置を備えている（ドラム記憶装置のことは概念だけ知っていた）。

マシンの電源が入ると、ジェット機が離陸するときのような音がした。たぶんこれはドラム

2　このマニュアルは今でも持っている。本棚の特等席に置いてある。

第14章 指導・徒弟制度・職人気質

の回転音だ。スピードが上がると静かになった。

　そのマシンは美しかった。事務机のような形をしているが、戦艦のブリッジのように上部からコントロールパネルが突き出ていた。コントロールパネルはライトとボタンで彩られていた。机に向かうと、カーク船長の椅子に座ったような気分になった。

　技術者がボタンを操作するのを見ていると、ボタンを押すとライトがつき、もう一度ボタンを押すとライトが消えることがわかった。他にも「保管」や「実行」と書かれたボタンを押しているのがわかった。

　ボタンは3つずつ、5つのグループに分かれて並べられていた。Digi-Compが3ビットだったので、8進数のバイナリなら私にも理解できた。だから、それが5つの8進数だとすぐにわかった。

　技術者がボタンを押すときに何かつぶやいているのが聞こえた。メモリバッファの列を「1, 5, 2, 0, 4」にするときは、「204にストア」と言っていた。「1, 0, 2, 1, 3」にするときは、「アキュムレータに213をロード」と言っていた。そこには「アキュムレータ」と書かれたボタンがあった！

　10分もすれば、15歳の頭でも理解できた。「15」がストアで、「10」がロードだ。それにはアキュムレータを使う。残りの数字は、1024ワードのドラムの値のどれかだ（それがワードなんだ！）。

　ちょビットずつ（オヤジギャグではないのだが）命令コードや概念を理解していった。技術者がいなくなるまでに、マシンの基本的な動作を把握した。

　その日の午後、自習時間に数学教室に忍び込んで、コンピュータをいじることにした。ずっと前に「許可を求めるな、謝罪せよ」と教わったからね！　そこで、アキュムレータの値を2倍にして1を加える小さなプログラムを作った。アキュムレータに5を入力してプログラムを実行すると、$13_{(8)}$になった！　動いてる！

　他にも簡単なプログラムをいくつか作った。どれも自分の思ったとおりに動いた。なんという全能感！

　数日後、自分がどれだけマヌケだったか、どれだけ幸運だったかがわかった。数学教室にインストラクションシートが置いてあったのだ。そこには、すべての命令コードと操作コードが載っていた。技術者を見ているだけでは学べなかったことが、すべて載っているのだ。知っていたものは正しく理解できていたことがわかったし、知らなかったものには驚かされた。そんなことがうれしかった。新しく知った命令コードの1つにHLT（停止）があった。停止命令を実行するには、ゼロのワードを書けばよかった。偶然だが、それまで自分でプログラムを書くときにも、最後にゼロのワードを書いていた。アキュムレータにプログラムを読み込んでクリアするためだ。それが停止命令だとは思っていなかった。プログラムが終了したら勝手に停止すると思っていた！

174

指導

　ある日、数学教室でプログラムが動かなくて奮闘している先生の様子を座って見ていたことがある。先生は、テレタイプに入力した2つの数値の合計を出そうとしていた。ミニコンピュータのマシン語でプログラムを書いたことがあれば、文字を読み込んで、数値に変換して、2進数にして、合計を計算して、数値に戻して、文字にエンコードすればいいことがわかる。ただし、信じられないかもしれないが、プログラムを2進数で入力するには、**なんと**フロントパネルを使うのだ！

　その先生は、プログラムに停止命令を入れて、その地点までプログラムを実行していた（おお！　それはいい考えだ！）。この原始的なブレークポイントによって、レジスタの中身を見てプログラムの動作が確認できるようになった。「うわ！　これは速い！」　先生がそうつぶやいていたのが忘れられない。いやあ、先生よかったね！

　だが、先生のアルゴリズムはよくわからなかった。なんだか魔法みたいに見えた。それに、私が横で見ていても、先生は何も話しかけてこなかった。というより、コンピュータのことについて私に話しかけてくれる人は**誰もいなかった**。私のことを邪魔だと思って無視していたんだと思う。数学教室をフラフラしているガミたいなヤツだと思っていたのかもしれない。なんて言うか、生徒も先生も社交的な能力が欠けていたのだ。

　最終的に先生のプログラムは動いた。だが、私はそれを見て驚いた。さっきは速いと言っていたのに、数値はゆっくりとしか入力できなかったからだ。コンピュータがそれほど速く**なかった**のだ（1967年の時代に回転するドラムから連続した文字を読み取るわけだからね）。先生が2つの数値を入力してリターンを押すと、コンピュータは一瞬だけピカピカと点滅して、結果を印字し始めた。1文字につき約1秒かかった。最後の数字を残して一時停止し、5秒間ほどまたピカピカと点滅した。最後の数字を印字すると、コンピュータは停止した。

　なぜ一時停止したのだろうか？　私にはよくわからない。だが、プログラムのやり方によって、ユーザへの影響が大きく違ってくることはわかった。プログラムが正しい答えを出したとしても、**まだ何かが間違っている**可能性があるのだ。

　これは指導だった。私が望んでいたようなものではなかったけれど。本当は、先生にかわいがってもらって、一緒にプログラミングができたら素敵だったと思う。だが、そんなことは大きな問題ではない。先生を**観察**することで、ものすごい速さで学習することができたからだ。

型破りな指導

　この2つの話をしたのは、指導方法が普通とは違っていたからだ。どちらも言葉で明示的に伝えるものではなかった。1つめの話では、素晴らしいマニュアルの著者から学んだ。2つめの話では、積極的に無視する人を観察することから学んだ。どちらの場合にも、そこで得られた知識は深く、私の基礎となるものだった。

175

もちろん他にも指導者はいた。Teletype 社で働いていた近所の人が、私が遊べるようにと電話のリレーを 30 個ほど家に届けてくれた。少年にリレーと電車の変成器を与えたら、それだけでとりこになってしまう。

近所に住むアマチュア無線のオペレータは、マルチメーターの使い方を教えてくれた（すぐに壊してしまったけど）。オフィス用品店のオーナーは、高価なプログラマブル計算機で「遊ばせて」くれた。DEC の営業所の人は、PDP-8 や PDP-10 で「遊ばせて」くれた。

BAL プログラマのジム・カーリンは、私の手に負えなかった COBOL プログラムのデバッグを手伝ってくれた。おかげで、最初の仕事を解雇されずに済んだ。彼は、コアダンプの読み方や、コードに空行・星印・コメントを適切に挿入する方法を教えてくれた。最初に職人の技をたたきこんでくれたのが彼だ。その 1 年後に彼が上司の怒りを買ったとき、私は恩返しすることができなかった。そのことが今でも悔やまれる。

まあ、正直に言って、こんなもんだ。70 年代前半には、**熟練**のプログラマなんてほとんどいなかった。職場ではいつも私が年長者だった。本物のプロのプログラマがどんなものかなんて、誰も教えてくれなかった。どのように振る舞えばいいのか、何を重視すればいいのかを教えてくれるロールモデルはいなかった。すべて自分で学ばなければいけなかった。そして、それは決して簡単なことではなかった。

▌苦境

前にも言ったが、私は 1976 年に工場自動化の仕事を解雇された。技術的には有能だったが、ビジネスやビジネス目標に注意を払うことを学んでいなかったからだ。日付や締め切りは自分には関係ないと思っていた。月曜日の朝にデモがあるのを忘れて金曜日にシステムを壊し、月曜日には遅刻して登場したもんだから、みんなから怒りのまなざしを向けられた。

すぐに態度を改めなければ解雇するという警告文書を上司から受け取った。それで目が覚めた。自分の人生やキャリアを見つめ直し、振る舞いを改めることにした。そのことについてはすでに本書で触れたと思う。だが、それでは何の解決にもならなかったし、遅すぎた。それからすべてが間違った方向に進むようになった。以前なら小さなことだったものが、大きな意味を持つようになった。我慢強く辛抱したが、最終的には建物の外に追い出された。

妊娠している妻と 2 歳の娘がいる家にそんな話を持ち込みたくはなかった。自分で立ち直り、人生の教訓として、次の仕事に生かすことにした。それには 15 年かかった。それが今の私のキャリアの基礎となっている。

最終的には、どうにか成功することができた。だが、もっとうまくやれたのではないかと思う。知識と経験を教えてくれる本物の指導者が欲しかった。その人のことを観察しながら仕事を手伝ったり、私の仕事を評価・指導してもらったりするわけだ。私のロールモデルであり、適切な価値観や内省について教えてくれる人。先生。師匠。メンター。そんな人が欲しかった。

徒弟制度

　医者はどのようにしているのだろうか？　医学部を卒業したての人が初日から心臓外科手術を行っているのだろうか？　もちろん、そんなことはない。

　医療従事者たちは、慣習や伝統のなかに指導の規律を形作っている。それによって、新卒者は最高の教育と指導が受けられるようになっている。教育については、講義と実際の現場での臨床が**ほぼ等しく**行われている。

　大学を卒業してから、医師免許を取得する前に、インターンシップと呼ばれる訓練を１年間経験する。

　これはハードなオンザジョブトレーニングである。インターンはロールモデルや指導医に囲まれて過ごすのだ。

　インターンシップが終わると、3〜5年間のレジデンシーと呼ばれる訓練が必要になる。レジデントはシニアドクターから指導を受け、より大きな責任を担うことで自信を獲得していく。

　多くの専門分野では、さらに1〜3年間のフェローシップの期間が必要となり、学生が研修や訓練を継続して受けるようになっている。

　それから、試験を受けて、正式な職業資格を取得する。

　医者の例は理想的すぎるし、私の説明が間違っているところもあると思う。だが、リスクが高い現場では、新卒者を部屋に押し込み、たまにエサをやって、優れた成果を期待するようなことはしない。そのことは間違っていない。では、なぜソフトウェア業界では、このようなことをしているのだろうか？

　ソフトウェアのバグが原因で死者が出ることはほとんどない。だが、巨額の損失が生まれることは**ある**。ソフトウェア開発者のトレーニング不足が原因で、巨額の損失を出す会社がいくつもある。

　ソフトウェア開発の業界では、プログラマは最初からプログラマであり、学校を卒業したらすぐにコードが書けると思われている。卒業したての子どもたちを採用して、「チーム」を作り、重要なシステムを開発させる会社はめずらしくない。そんなの正気の沙汰じゃない！

　塗装工はそんなことはしない。配管工はそんなことはしない。電気工はそんなことはしない。簡単な調理をする人だって、そんなことはしないと思うぜ！　コンピュータサイエンスの卒業生を採用する企業は、マクドナルド以上にトレーニングに投資すべきだと思う。

　どうでもいいことだなんて冗談を言っちゃいけない。これは非常に重要なことなんだ。我々の生活はソフトウェアに支えられている。情報を動かしたり操作したりするのはソフトウェアだ。自動車のエンジン・トランスミッション・ブレーキを制御するのはソフトウェアだ。預金残高の管理・送金・支払いを受けつけるのはソフトウェアだ。洋服の洗濯が終わったことを知

第 14 章　指導・徒弟制度・職人気質

らせてくれるのはソフトウェアだ。テレビに写真を映す。テキストメッセージを送信する。電話をかける。退屈になったら楽しませてくれる。すべてソフトウェアのおかげだ。ソフトウェアはどこにでもある。

　生活のあらゆる側面をソフトウェア開発者に委ねるとしたら、一定期間の訓練は決して不適切なものではないと思う。

ソフトウェアの徒弟制度

　ソフトウェアの専門分野では、新卒者はどのような階級にいるべきなのだろうか？　どのような段階を踏めばいいのだろうか？　どのような課題を満たせばいいのだろうか？　どのような目標を達成すればいいのだろうか？　階級を逆から順番に見ていこう。

マスター

　複数の重要なソフトウェアプロジェクトを率いたことのあるプログラマ。10 年以上の経験があり、複数のシステム・言語・OS に従事したことがある。複数のチームをうまくリードする方法を知っている。設計の達人やアーキテクトでもある。他の誰よりもうまくコードが書ける。マネジメント職を与えられたが、こちらから断っている。あるいは、マネジメント職にはなったが、現場の技術職を兼任している。読書・勉強・練習・実践・**教育**によって、自分の技術的役割を維持している。会社がプロジェクトの技術的責任を与えるのがマスターである。例えば「スコッティ[3]」のような人だ。

ジャーニーマン

　訓練を受けた・有能な・活動的なプログラマ。これまでの仕事で、チームで働くことやチームリーダーになることを学んでいる。最新の技術に関する知識は豊富だが、さまざまな種類のシステムは経験したことがない。1 つの言語・システム・プラットフォームに精通している。その他は学習中である。経験年数は、ランクによって違うが、平均すると 5 年。それ以上経過するとマスターになっていく。経験年数が浅い者はアプレンティス上がりである。

　ジャーニーマンは、マスターや先輩に指導を受ける。若いジャーニーマンに自律は認められていない。作業は監督されている。書いたコードは検査を受ける。ただし、経験を積めば自律が許されるようになる。指示が少なくなり、自由度が高くなる。最終的にはピアレビューに移っていく。

3　訳注：「スタートレック」の登場人物モンゴメリー・スコットのこと。

アプレンティス／インターン

新卒者はアプレンティスとしてキャリアを開始する。アプレンティスに自律は認められない。ジャーニーマンが注意深く監督する。最初のうちは自分の作業がなく、ジャーニーマンの手伝いをすることになる。この時期は集中してペアプログラミングをするといいだろう。規律を覚えて強化していく時期である。価値観の基礎が作られる時期である。

教師はジャーニーマンだ。アプレンティスは、設計原則・デザインパターン・規律・儀式を理解しなければいけない。TDD・リファクタリング・見積もりなども教えてもらう。読書・課題・演習などを与えられ、その進捗をレビューしてもらう。

アプレンティスは1年間続ける。ジャーニーマンになれるようであれば、ジャーニーマンがマスターに推薦する。マスターがアプレンティスを面接して、業績を考慮して評価する。マスターが許可を出せば、アプレンティスはジャーニーマンになれる。

現実

これは理想であり仮説である。だが、多少の違いはあれど、現実に**期待**するのもこのようなものではないだろうか。新卒者は若いチームリーダーに監督され、若いチームリーダーはプロジェクトリーダーに監督される。問題なのは、その監督方法が**技術的ではないことだ！**　技術監督のいる企業はほとんどない。プログラマが昇給や昇進するのは、それしか与えることができないからだ。

私の提唱する徒弟制度が現実の制度と違うのは、技術的な指導・訓練・監督・レビューの取り組みがある点だ。

私は、プロの価値観や技術的な洞察力というのは、指導・育成・助長・世話・文化によって身につけるものだと考えている。現在の我々の制度に欠けているのは、若い人たちに対する年長者たちの責任だ。

職人気質

我々は「**職人気質**」という言葉の意味を考える段階に来ている。これはどういう意味だろうか？　その意味を理解するために、「**職人**」という言葉について考えてみたい。この言葉からは、熟練の技・品質・経験・能力などが思い浮かぶ。職人とは、急がずにすばやく仕事をして、適正な見積もりでコミットメントを果たす人のことだ。職人は、「ノー」と言う場面を知っているが、できるだけ「イエス」と言おうとする。職人は、プロである。

職人気質とは、職人の持つ**考え方**である。職人気質は、価値・規律・技術・態度・解答を運

第14章　指導・徒弟制度・職人気質

ぶミーム（情報遺伝子）である。

　だが、職人はどのようにこのミームを身につけたのだろうか？　どのようにすれば、このような考え方を手に入れることができるのだろうか？

　職人気質のミームは人から人に伝えるものである。年長者から若者たちへと教え伝えられる。仲間同士で交換する。年長者が若者たちを観察するなかで再発見する。職人気質はウィルスのように精神に伝染するのだ。他者を観察してミームを手に入れることで、それを自分に根付かせることができる。

人を説得する

　職人になれと誰かを説得することはできない。職人気質のミームを受け取れと説得することもできない。議論をしても効果はない。データは重要ではない。事例は無意味だ。ミームの受け入れは、論理的ではなく感情的なものである。非常に**人間的**なものなのだ。

　職人気質のミームを身につけてもらうにはどうすればいいのだろうか？　ミームは伝染することを思い出して欲しい。ただし、観察できなければいけない。つまり、ミームを**見える化**すればいいのだ。そのためには、自分がロールモデルとして振る舞えばいい。自分が職人となり、職人気質を見せてやるのだ。あとはミームがやってくれる。

結論

　コンピュータプログラミングの理論は学校で教えることができる。しかし、職人になるための規律・訓練・技能は、学校では教えてくれないし、教えることもできない。それらは、数年かけて指導を受けた結果として身につくものだ。今や次世代のソフトウェア開発者を育てなければいけない時期に来ている。それは大学ではなく、ソフトウェア業界にいる我々の責任だ。徒弟制度・インターンシップ・長期的な指導といったプログラムを導入しなければいけない時期に来ているのだ。

180

ツール　付録A

　1978年に私は、Teradyne社で電話回線の検査システムに携わっていた。そのシステムのコードは、M365のアセンブラで8万行あった。コードはテープに保管していた。

　テープは70年代に人気のあった8トラックのステレオテープとよく似ていた。テープ装置は一方向にしか動かず、テープは無限ループしていた。カートリッジには、10フィート・25フィート・50フィート・100フィートの長さがあった。テープが長くなると「巻き戻す」時間も長くなった。「ロードポイント」が見つかるまでテープ装置が物理的に動いて戻らなくてはいけなかった。100フィート（30.48メートル）のテープをロードポイントまで戻すには5分かかった。したがって、テープの長さは慎重に選ばなければいけなかった[1]。

　テープは論理的にファイルに分割することができた。テープに入るのであればファイル数に制限はなかった。お目当てのファイルを探すには、テープを読み込んで、必要なファイルが見

1　テープは一方向にしか動かなかったので、読み取りエラーが発生しても、テープを巻き戻して読み取ることはできなかった。作業を止めて、テープをロードポイントまで巻き戻し、そこから作業を再開するしかなかった。こんなことが1日に2～3回は発生した。書き込みエラーも頻繁に発生したが、それを検知することはできなかった。したがって、常に2本のテープに書き込み、あとから確認するようにしていた。1本がダメだったら、すぐにコピーを作成した。両方ともダメだったら、めったに起きないことだが、作業を最初からやり直した。これが70年代の仕事風景だ。

181

付録 A　ツール

つかるまでファイルをスキップしなければいけなかった。我々は、ソースコードのディレクトリの一覧を壁に貼り付けて、ファイルをいくつスキップしなければいけないかを確認していた。

　開発室の棚には 100 フィートの長さのマスターテープがあった。テープには「MASTER」というラベルが貼られていた。ファイルを編集するときには、マスターテープと新しい 10 フィートのテープを読み込んで、必要なファイルが見つかるまでマスターテープをスキップする。ファイルが見つかったら、それを新しいテープにコピーする。そして、テープを両方とも「巻き戻して」から、マスターテープを棚に戻す。

　開発室の掲示板には、マスターテープのディレクトリ一覧が貼り付けてあった。ファイルをコピーしたら、ファイル名の隣に色のついたピンを刺すことになっていた。それがファイルをチェックアウトする方法だった！

　テープは画面で編集した。テキストエディタの ED-402 は、vi とよく似ていて、実に素晴らしいものだった。テープから「ページ」を読み込んで、内容を編集して、書き出してから、次のページを読み込んだ。1 ページのコードは 50 行だ。テープを先読みして次のページを見たり、テープを巻き戻して編集したページを見たりすることはできない。だからリストを使っていたのだ。

　リストには編集したいファイルの変更内容をあらかじめ記録するようにしていた。**そのあと**で、それを見ながら実際にファイルを編集した。端末でコードを書いたり修正したりする人は、**誰も**いなかった！　それは自殺行為に等しい。

　編集が必要なファイルの修正が終わったら、マスターとマージしてワーキングテープを作った。これはコンパイルとテストを実行するテープである。

　テストを実行して修正がうまく動作することを確認してから、掲示板に新しいピンが刺さっていないことを確認する。そして、ワーキングテープに「MASTER」というラベルを貼り、掲示板からピンを抜く。掲示板に新しいピンが**あれば**、自分たちのピンを抜いてから、ピンを刺した人にそのワーキングテープを渡す。彼らがマージをするのだ。

　その場所には 3 人いて、それぞれ違う色のピンを使っていたので、誰がどのファイルをチェックアウトしているのかが簡単にわかった。いつも同じ開発室にいて、お互いによく話し合っていたから、掲示板の状況がみんな頭に入っていた。だから、本当は掲示板なんて必要なく、使わないこともあった。

ツール

　現代のソフトウェア開発者は、多種多様なツールが選択できる。その多くは使わずに済むものだが、いくつかはすべてのソフトウェア開発者が精通しなければいけないものである。ここでは、私が使っているツールを中心に紹介する。入念に調査をしたわけではないので、これが包括的なレビューとは考えないでもらいたい。私が使っているツールというだけだ。

ソースコード管理

　ソースコード管理はオープンソースのツールを使うのがよい。開発者が開発者のために書いたものだからだ。オープンソースのツールは、開発者が必要なものを自分たちのために作ったものである。

　商用で高価な「エンタープライズ」バージョン管理システムも存在する。こうしたツールは、マネージャ・経営者・「ツールグループ」には売れているのかもしれないが、開発者が買うようなものではない。機能一覧を見ると、大変魅力的で説得力がある。だが、開発者が本当に必要とする機能はない。例えば、**スピード**だ。

「エンタープライズ」ソース管理システム

　すでに「エンタープライズ」ソースコード管理システムに膨大な費用をかけている会社があるかもしれない。ご愁傷様。社内政治的に「ボブおじさんが使っちゃダメって言ってた」とは言いにくいと思うが、簡単な解決策がある。

　イテレーション（約2週間）の終わりにソースコードを「エンタープライズ」システムにチェックインすればいいのだ。そして、イテレーション中はオープンソースのシステムを使う。これでみんなが幸せになれる。会社の規則も破っていない。生産性も落ちない。

「悲観的ロック」対「楽観的ロック」

　悲観的ロックは、80年代ならば優れた考え方だったと思う。並行更新問題を簡単に解決するには直列化すればいい。**私が**ファイルを修正していたら、**君は**修正しない。70年代後半に私が使っていた色つきのピンは、悲観的ロックを具現化したものだった。ファイルにピンが刺さっていたら、そのファイルは修正できないのだ。

183

付録 A　ツール

　だが、悲観的ロックには問題がある。誰かがファイルをロックしたまま休暇に入ってしまっ
たら、ファイルを編集したくても手が出せなくなってしまう。1〜2日程度のロックでも、他の
人の作業を遅らせる可能性がある。

　これから紹介するツールは、同時に編集されたソースファイルをうまくマージできるように
なっている。本当に驚くと思う。2つのファイルとその先祖ファイルを見て、同時に変更され
た部分を複数の戦略を使って統合するのだ。すごくいい仕事をする。

　悲観的ロックの時代は終わった。もうチェックアウト時にファイルをロックする必要はない。
ファイルを1つずつチェックアウトするような面倒なことはしなくてもいい。システム全体を
チェックアウトして、必要なファイルを修正すればいいのだ。

　変更したものをチェックインするには「アップデート」操作をする。この操作は、誰かが先
にチェックインしているかどうかを教えてくれて、自動的にほとんどの変更箇所をマージして
くれる。衝突があればそれを発見したうえで、残りのマージも手伝ってくれる。そのあとで、
マージしたコードをコミットすればいい。

　このプロセスにおける自動テストと継続的インテグレーションの役割についてもいろいろ言
いたいことがあるが、それはあとで説明することにする。ここで言っておきたいのは、テスト
が成功していないコードをチェックインしては**いけない**ということだ。**絶対に**。

CVSとSVN

　ソース管理システムの定番はCVSだ。大変優れたものだが、現代のプロジェクトに使うには
古すぎる。個別のファイルやディレクトリを扱うにはいいが、ファイル名の変更やディレクト
リの削除がうまくできない。それに汚くて……まあ、これ以上は言わないほうがいいだろう。

　Subversionは優秀だ。1つの操作でシステム全体をチェックアウトできる。アップデート・
マージ・コミットも簡単にできる。ブランチを使わなければ、SVNシステムは非常に簡単に管
理できる。

ブランチ

　私は、2008年まで簡単なブランチしか使ってこなかった。ブランチを新しく作ったら、イテ
レーションが終わるまでにメインブランチに戻す必要があったからだ。私は、ブランチに慎重
になっていたので、プロジェクトではほとんど使わなかった。

　SVNを使うならブランチは使わないほうがいいと思う。しかし、このことを根底から覆す新
しいツールが登場した。それが**分散**ソース管理システムだ。私のお気に入りはgitだ。これに
ついて説明しよう。

184

ソースコード管理

git

　私が git を使い始めたのは 2008 年の終わり頃だ。これがソースコード管理の使い方をすべて変えてしまった。なぜすべてを変えたのかは、本書では説明しきれない。だが、図 **A-1** と図 **A-2** を比較して見れば、言葉にしなくてもわかると思う。

- More bug fixes
- Docs now say that Java 1.5 is required.
- Bug fix
- Many usability and behaviorial improvements.
- Clean up
- Added PAGE_NAME and PAGE_PATH to pre-defined variables.
- Added ** to !path widget.
- link to the fixture gallery
- fixture gallery release 2.0 (2008-06-09) copied into the trunk wiki at
- Firefox compatability for invisible collapsible sections; removed .ce
- Updated documentation suite for all changes since last release.
- Enhancement to handle nulls in saved and recalled symbols. Adde
- Added a "Prune" Properties attribute to exclude a page and its chilc
- Fixed type-o
- Added check for existing child page on rename.
- Added "Rename" link to Symbolic Links property section; renamed
- Adjusted page properties on recently added pages such that they c
- Enhanced Symbolic Links to allow all relative and absolute path for
- Cleaned up renamPageReponder a bit more.
- Cleaned Up PathParser names a bit. Pop -> RemoveNameFromE
- Cleaned up RenamePageResponder a bit. Fixed TestContentsHelk
- updated usage message
- Fixed a bug wherein variables defined in a parent's preformatted bl
- Added explicit responder "getPage" to render a page in case query
- Tweaks to TOC help text.
- New property: Help text; TOCWidget has rollover balloon with new
- Redundant to the JUnit tests and elemental acceptance tests.
- Removed the last of the [acd] tags.
- !contents -f option enhancement to show suite filters in TOC list; fix
- TOC enhancements for properties (-p and PROPERTY_TOC and F
- 1) Render the tags on non-WikiWord links;
- Added http:// prefix to google.com for firewall transparency.
- Isolate query action from additional query arguments. For example
- Accommodate query strings like "?suite&suiteFilter=X"; prior logic v
- Cleaned up AliasLinkWidget a bit.

図 A-1　Subversion 使用時の FitNesse のログ

185

付録 A　ツール

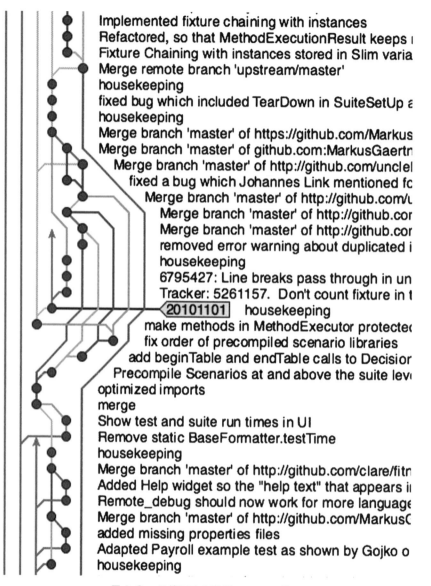

図 A-2　git 使用時の FitNesse のログ

　図 A-1 は、FitNesse プロジェクトを SVN で管理していた頃の数週間分のログだ。ブランチを作らないルールを厳格に守っていたことがわかる。メインラインに頻繁にアップデート・マージ・コミットをしている。

　図 A-2 は、git で管理を始めてからの数週間分のログだ。ブランチやマージを何度も繰り返しているのがわかる。ブランチを作らないルールを緩めたのではなく、それが最も便利な方法

に変わったからだ。開発者は、短期間しか使わないブランチを作り、好きなようにマージを繰り返すことができる。

本当のメインラインが見えないことにも注目して欲しい。メインラインは**1つではない**のだ。git を使うと中央レポジトリやメインラインといったものは存在しなくなる。開発者がローカルにプロジェクトの歴史が**すべて**入ったコピーを保持するのだ。それをチェックインやチェックアウトして、必要になれば他とマージする。

リリースや中間的なビルドを入れる特別なレポジトリは存在する。だが、このレポジトリをメインラインと呼ぶのは的外れである。これは、すべての開発者がローカルに保持している履歴のスナップショットに過ぎない。

何を言っているのか理解できなくても大丈夫だ。git は最初のうちはよくわからないものだ。使っていけば慣れてくるはずだ。ただ、これだけは言える。未来のソースコード管理は、git やそれに近いツールのようになるだろう。

IDEやエディタ

開発者は多くの時間をコードの読み書きに費やしている。そのために使うツールは、過去数十年で大きく変化した。非常に強力になったものもあれば、70 年代からほとんど変わらないものもある。

vi

開発用のエディタとして vi が使われていたのは、はるか昔のことだと思うかもしれない。今では vi よりも優れたものやシンプルなテキストエディタが存在するからだ。しかし、そのシンプルさ・使いやすさ・速度・柔軟性などから、その人気が復活してきている。Emacs や Eclipse ほど強力ではないかもしれないが、速くて強力なエディタである。

とはいえ、私はもう vi のパワーユーザではない。昔は vi の「神」として名が通っていたこともあるが、それはもう過去のものとなった。テキストファイルをすばやく編集したいときには、今でも vi を使っている。最近もリモート環境で Java のソースファイルを修正するときに使った。過去 10 年間で vi を使って本格的なコーディングをした量は、無視できるくらい少ない。

187

付録 A　ツール

Emacs

Emacs もこれからあと何十年も生き残る強力なエディタの 1 つだ。内蔵された Lisp がそのことを保証している。このような汎用エディタは他に類を見ない。しかし、現在主流の IDE と張り合うことはできないと思う。コードの編集というのは、汎用の編集作業では**ない**からだ。

私も 90 年代は Emacs の信者だった。他のものを使う気はなかった。マウスでカチカチやるおもちゃのエディタなんて、開発者が真面目に使うようなものではないと思っていた。だが、2000 年代初頭に IntelliJ を知ってから、他を顧みることがなくなった。これが、現在使っている IDE だ。

EclipseとIntelliJ

私は IntelliJ ユーザである。愛しているのだ。Java・Ruby・Clojure・Scala・JavaScript など、あらゆる言語でプログラミングをするのに使っている。IntelliJ は、プログラマがコードを編集するのに必要なものを理解したプログラマが作っている。私は長年使っているが、がっかりさせられたことはほとんどない。いつも喜ばせてもらっている。

Eclipse は IntelliJ とよく似ている。Java のコードを編集するときには、Emacs よりもはるかに上を行っている。他にもこうした IDE はあるが、使ったことがないので、ここでは触れないことにする。

Emacs などのエディタよりもこうした IDE のほうが上なのは、強力なコード操作の機能が備わっているからである。例えば、IntelliJ では、1 つのコマンドでスーパークラスを抽出できる。変数名の変更ができる。メソッドの抽出ができる。継承からコンポジションへの置換ができる。さまざまな素晴らしい機能が使えるのだ。

このようなツールを使えば、コードを編集するのに行や文字に直接触れるのではなく、複雑な操作をしていくことになる。次に入力する行や文字のことを考えるのではなく、次に行うコードの変形について考えるようになる。つまり、プログラミングモデルが大きく変わり、非常に生産的になったのだ。

もちろん、強力な分だけコストはかかる。学習曲線は急だ。プロジェクトの設定時間も無視できない。また、このようなツールは軽量では**ない**。実行には、多くのコンピュータリソースが必要になる。

TextMate

TextMate は強力で軽量なエディタである。IntelliJ や Eclipse のような操作はできない。Emacs のような強力な Lisp エンジンやライブラリもない。vi ほど速くはないし柔軟性もない。だが、学習曲線が緩やかで、操作が直感的だ。

私は、たまに C++ を書くときに TextMate を使っている。以前は大規模な C++ プロジェクトにも Emacs を使っていたが、今は腕が鈍ってしまったので使っていない。

課題管理

私は、Pivotal Tracker を使っている。これは洗練されたシンプルで使いやすいシステムだ。アジャイル手法や反復手法によく適している。ステークホルダーや開発者がすばやくコミュニケーションできるようになっている。今のところ非常に満足している。

小規模のプロジェクトでは、Lighthouse を使うことがある。簡単に設定ができるし、簡単に使える。だが、Pivotal Tracker には及ばない。

Wiki も使っている。これは社内のプロジェクトに適している。Wiki は自分が好きなように使うことができる。特定のプロセスや厳格な構造に従う必要はない。理解もしやすく簡単に使える。

最高の課題管理システムは、カードと掲示板だ。掲示板は「To Do」「進行中」「完了」などに区切っておく。そして、開発者がカードを移動させていく。アジャイルチームがよく使っているシステムだ。

私がクライアントに勧めているのは、ツールを購入する前に掲示板のような手動で使えるものから始めることだ。手動でうまくできたら、適切なツールを選ぶための知識が手に入る。もしかすると、手動のシステムを使い続けることが適切な選択になるかもしれない。

バグのカウント

開発者のチームには、取り組む課題の一覧が必要である。課題にはバグの他に作業や機能などが含まれる。適切な規模のチーム（5～12 人）の場合、一覧の項目数は数十から数百にすべきである。**数千はいけない。**

バグが数千もある場合は、何かが間違っている。機能や作業が数千もある場合も、何かが間違っている。一般的に課題項目は少なくすべきである。そして、Wiki・Lighthouse・Pivotal Tracker などの軽量ツールで管理できるようにしておく。

付録 A ツール

素晴らしい商用ツールもある。しかし、導入したはいいが、次第に使わなくなったというクライアントを見たことがある。商用ツールに反対するわけではないが、項目数は少なくして、管理できる程度にしておくべきだろう。課題管理（イシュートラッキング）ツールで数千の課題を扱わなければいけないなら、「トラッキング（管理）」の言葉の意味が失われてしまい、「イシューダンプ（ゴミ捨て場）」となってしまうだろう（ゴミのような臭いもする）。

継続的ビルド

最近は、継続的ビルドエンジンに Jenkins を使っている。軽量でシンプルで学習曲線がほとんどない。ダウンロードして簡単な設定をすればすぐに使える。素晴らしい。

私の継続的ビルドの哲学はシンプルだ。それは、ソースコード管理システムと接続することだ。誰かがコードをチェックインしたら、自動的にビルドして、その状況をチームに知らせるのだ。

チームはビルドが常に動いているようにしなければいけない。ビルドに失敗したら「停止」して、チームですぐに問題を解決する。いかなる理由があっても、1 日以上失敗したままにしてはいけない。

FitNesse プロジェクトでは、コミット前に継続的ビルドスクリプトを実行してもらうようにお願いしている。ビルドには 5 分もかからないので、それほど負担になることはない。問題があればコミットする前に解決してもらう。自動ビルドが問題になることはめったにない。問題となるのは、ビルド環境と開発者の環境が違うことだけだ。

ユニットテストツール

プログラミング言語には独自のユニットテストツールがある。Java なら JUnit、Ruby なら RSpec、.NET なら NUnit、Clojure なら Midje、C/C++ なら CppUTest が私は好きだ。

どのユニットテストツールを選んだとしても、すべてのツールがサポートすべき基本機能がある。

1. テストツールは、すばやく簡単にテストを実行できなければいけない。IDE のプラグインからでも、コマンドラインツールからでもいいが、開発者が好きなときに実行できなければいけない。テストの実行操作は平凡なものでなければいけない。

例えば、CppUTest のテストを実行するには、TextMate で command + M を入力するよう

190

にしている。これは、自動的にテストを実行して、すべてのテストが成功したら1行のレポートを表示する、自作の`Makefile`を実行するコマンドだ。JUnit と RSpec は、IntelliJ がサポートしているので、ボタンを押すだけでいい。NUnit は、ReSharper プラグインのテストボタンを使っている。

2. テストツールは、成功したか失敗したかを明確に可視化できなければいけない。グラフィカルにグリーンバーを表示してもいいし、コンソールに「All Tests Pass（すべてのテストが成功した）」と表示してもいい。重要なのは、すべてのテストが成功したことをすばやく明確に伝えることだ。レポートが複数行だったり、2つのファイルを比較しなければいけなかったりすると、この点が達成できない。

3. テストツールは、進捗を視覚的に伝えるものでなければいけない。グラフィカルなメーターでもいいし、ドット文字の表示でもいい。重要なのは、テストが継続していて、停止や終了していないと伝わることである。

4. テストツールは、テストケースを独立させなければいけない。JUnit であれば、テストメソッドごとにテストクラスのインスタンスを新しく作っている。こうすることで、インスタンス変数でやり取りすることができないようになっているのだ。テストメソッドをランダムに実行して、他のテストに依存させないようにするツールもある。仕組みがどんなものであっても、テストを独立させるようにしなければいけない。テストの依存性の罠にはハマりたくない。

5. テストツールは、テストが書きやすくなければいけない。JUnit は、アサーションを作る便利な API を提供している。また、リフレクションやアノテーションを使って、テスト用の関数を通常の関数と区別できるようにしている。優れた IDE であれば、自動的にすべてのテストを見つけ、スイートを書く手間を省き、テストの一覧を正確に作ってくれる。

コンポーネントテストツール

これらのツールは、API レベルでコンポーネントをテストするためのものだ。ビジネスや QA が理解できる言語でコンポーネントの振る舞いを定め、それを満たしているかどうかを確認する。理想的には、ビジネスアナリストと QA がこのようなツールを使って仕様を**書く**。

付録A　ツール

「完了」の定義

他のツールとは異なり、コンポーネントテストツールは「完了」を決めるためのものである。ビジネスアナリストとQAが協力してコンポーネントの仕様を作り、その仕様がテストスイートとして実行できれば、「すべてのテストが成功した」ときに「完了」となる。

FitNesse

私の好きなコンポーネントテストツールは、FitNesseである。私が大部分を作ったものであり、現在も主要コミッタをやっている。だから、私の子どもみたいなものである。

FitNesseは、ビジネスアナリストとQAがシンプルな表形式でテストを書くためのWikiベースのシステムである。この表形式は、形や目的がパーナス[2]の表形式とよく似ている。テストはスイートにまとめることができ、スイートは好きなときに実行できる。

FitNesseはJavaで書かれているが、他の言語で書かれたシステムもテストできる。さまざまな言語で書かれたテストシステムと通信できるからだ。現在サポートしている言語は、Java・C#/.NET・C・C++・Python・Ruby・PHP・Delphiである。

FitNesseの下にFitとSlimという2つのシステムがある。Fitはウォード・カニンガムが作ったもので、FitNesseが影響を受けた原点である。Slimはよりシンプルで移植性の高いテストシステムであり、FitNesseユーザはこちらを好んで使っている。

その他のツール

その他にもコンポーネントテストツールに分類されるツールがある。

- Robot Frameworkは、Nokia社のエンジニアが開発したツールである。FitNesseに似た表形式を使うが、Wikiベースではない。Excelなどで事前に用意したファイルを実行するツールだ。このツールはPythonで書かれているが、ブリッジがあればさまざまな言語のシステムをテストできる。
- Green Pepperは、FitNesseとよく似た商用ツールである。有名な商用WikiであるConfluenceをベースにしている。
- Cucumberは、Rubyエンジンで動くプレインテキストのツールだ。さまざまなプラットフォームをテストできる。有名なGiven/When/Then（前提/もし/ならば）記法を使う。
- JBehaveは、Cucumberの親とも言えるよく似たツールだ。Javaで書かれている。

2　訳注：デイビッド・パーナス博士。

インテグレーションテストツール

コンポーネントテストツールは、インテグレーションテストでも使われているが、UIを使ったテストには適していない。

変化の激しいUIからテストを実行することはしたくない。変化が激しいとテストが不安定になるからだ。

そうは言っても、UIからテストを実行しなければ**いけない**こともある。最も重要なのは、UIのテストだ。また、エンドトゥエンドテストでも、UIも含めたシステム全体をテストしなければいけない。

UIのテストツールで私が好きなのは、SeleniumとWatirだ。

UML/MDA

90年代初期には、CASEツールがソフトウェア開発者の仕事に大きな変化を与えてくれるものだと信じていた。より抽象度の高いレベルから図を使ってコーディングすることで、テキストのコードは過去のものになると思っていた。

私は坊やだったんだ。この夢は達成されなかっただけでなく、あらゆる試みが絶望的な失敗に終わってしまった。可能性を示したツールやシステムがなかったわけではない。ただ、それらは夢を実現できなかったのだ。それに、誰も使いたいと思わなかった。

ソフトウェア開発者がテキストのコードの詳細を忘れて、図を使った高水準の言語でシステムを作るというのが夢だった。この夢が実現できていれば、我々はプログラミングをする必要がなくなっていたかもしれない。アーキテクトがUML図からシステム全体を作る。プログラマにとって情け容赦のない巨大で冷淡なエンジンが、その図を実行コードに変換する。そんな壮大な夢が、モデル駆動アーキテクチャ（MDA：Model Driven Architecture）だ。

残念ながらこの壮大な夢には小さな欠点がある。問題がコードにあると思っているのだ。問題はコードにあるのではない。これまでにコードが問題になったことは**ない**。問題は**詳細**だ。

詳細

プログラマは詳細の管理者である。それが我々の仕事だ。システムの振る舞いを詳細に決める。そのためにテキスト言語を使う（それがコードだ）。テキスト言語を使うのは、それが非常に使いやすいからだ（例えば英語を考えてみよう）。

付録 A　ツール

それでは、どのような詳細を管理するのだろうか？

例えば、\n と \r の違いがわかるだろうか？　\n は改行だ。\r はキャリッジリターンだ。キャリッジとは何だろうか？

60 年代から 70 年代初期にかけて、コンピュータの最も一般的な出力端末はテレタイプだった。最も一般的なモデルは、ASR-33[3]だ。

この装置には、1 秒間に 10 文字印字できるプリントヘッドがついている。プリントヘッドには小さなシリンダーがついていて、そこに文字が掘られている。シリンダーが回転して上昇し、正しい文字を紙に向ける。シリンダーと紙の間にはインクリボンが挟まっていて、小さなハンマーが紙に向けてシリンダーを打ち付けると、インクが紙に文字として転写される。

プリントヘッドはキャリッジに搭載されている。文字を打つたびにキャリッジはプリントヘッドと一緒に右へ動く。キャリッジが 72 文字目のところまで来ると、リターン文字（\r = 0x0D）を送信して、キャリッジを復帰しなければいけない。そうしないと 72 番目のカラムに文字を印字して、黒い四角形になってしまう。

もちろんそれだけでは不充分だ。キャリッジを復帰するだけでは紙は次の行に移動しない。ラインフィード文字（\n = 0x0A）を送信しないと、同じ行に再び印字してしまうことになる。

だから、ASR-33 テレタイプの行末は「\r\n」になっているのだ。ただし、キャリッジリターンには 100 ミリ秒かかることに注意しなければいけない。間違えて「\n\r」を送信すると、キャリッジリターンの途中で、次の文字が行の真ん中に印字されてしまう。そのため、我々は行末に削除文字[4]（0xFF）を置くようにしていた。

70 年代にはテレタイプが使われなくなっていった。UNIX などの OS では終端文字を「\n」のように短縮するようになった。しかし、DOS などの OS は、慣習に従って「\r\n」を使い続けることになった。

「間違った」慣習に従ったテキストファイルを最後に扱ったのはいつだろうか？　私は、年に一度はこの問題に出くわしている。内容が同じ 2 つのソースファイルを比較すると、チェックサムが同じなのに、終端が「間違っている」ので、テキストエディタがワードラップを正しく扱えなかったり、スペースを二重に追加したりすることがある。空行を期待しないプログラムが「\n\r」を 2 行と解釈してクラッシュすることもある。「\r\n」なら認識できるが、「\n\r」だと認識できないプログラムもある。といった具合だ。

これが私の言う「詳細」だ。やれるもんなら UML で行末のソートロジックを作ってみてよ！

3　http://en.wikipedia.org/wiki/ASR-33_Teletype
4　削除文字は、せん孔テープの編集にも便利だった。慣習で削除文字は無視されることになっていた。0xFF というコードは、カードの穴が開いているという意味だ。どんな文字でも上から穴を開ければ削除できたのだ。プログラムの入力を間違えたら、パンチを戻して削除をたたき、入力を再開すればよかった。

望みがなければ変化もない

　MDA の願いは、コードの代わりに図を使うことで、膨大な詳細を排除できるというものだった。この願いは今のところ無理だということになっている。コードに埋め込まれた詳細が、図によって排除できるわけがない。さらには、図にも意図しない詳細が含まれる。図にも文法・構文・規則・制約がある。だから、詳細はプラスマイナスゼロなのだ。

　MDA の願いは、Java がアセンブラよりも高レベルであるように、図がコードよりも高レベルであると証明することだった。しかしここでも、その願いは今のところ間違っていたということになっている。抽象レベルの違いはごくわずかなものなのだ。

　いつの日か本当に便利な図形言語が開発されたとしよう。その図を描くのは、アーキテクトではなく、きっとプログラマだ。コードが図に代わっただけだ。その図を**描く**ためにプログラマが必要とされるようになる。なぜなら、それは詳細に関するものであり、詳細を管理できるのはプログラマだけだからだ。

結論

　ソフトウェアツールは、私がプログラミングを始めた頃よりも強力で膨大なものになった。私が使っているツールは、そうしたツールの一部である。ソースコード管理には git、課題管理には Pivotal Tracker、継続的ビルドには Jenkins、IDE には IntelliJ、ユニットテストには xUnit、コンポーネントテストには FitNesse を使っている。

　私のマシンは MacBook Pro だ。CPU は 2.8Ghz Intel Core i7。17 インチ高解像度非光沢ワイドスクリーンディスプレイ。メモリは 8GB。512GB の SSD。2 台の外部モニタを使っている。

索 引

数字

3,000 行の関数	154
3 つの期日	86
3 点見積もり	146, 150
5 分で決着のつかない議論	135

A

ant release	94
App Store	61
ASC 社	30, 47
ASR-33	194
Autocoder	30

B

BASIC	92

C

C++	92
CASE ツール	193
CDS	66
CI システム	120
clean	15
Clear Communications 社	77, 154
Commodore-64	100
CppUTest	190
Cucumber	88, 115, 126, 192
cuke4duke	115
CVS	184

D

DFD	41
Digi-Comp I	172
DOS	194

E

Easycoder	30
Eclipse	188
ECP-18	173
ED-402	107, 182
Emacs	188
EMMA	38
ER	65

F

Fit	192
FitNesse	37, 38, 88, 94, 101, 115, 126, 192

G

git	185, 186
GOF	41
Green Pepper	192
GUI	119

H

HDD	101
Honeywell H200	30

I

IBM 029	75
IBM 1401	30
IBM System/7	161
IDE	187, 188
IntelliJ	188
iPhone アプリ	58

J

JBehave	126, 192
Jenkins	190
JUnit	190

L

Lighthouse	189
LOGO	92

M

M365	107, 159, 181

197

MacBook Pro······················100, 195
MDA·······························193, 195
Midje·································190

N
N·····································146
NUnit·································190

O
O·····································146
Outboard Marine Corp 社·············161
O リング······························17

P
P·····································146
PDP-10································176
PDP-11/60······························80
PDP-8······························31, 176
PDP-8/I·······························100
PERT·································146
Pivotal Tracker·······················189
POSA··································41

Q
QA·····················37, 94, 116, 124, 192
QA の役割····························124
QA はチームの一員·····················124
QA は何も見つけてはいけない··········37, 124

R
Rational 社····························123
Robot Framework················88, 115, 192
RSpec·································190

S
Selenium················88, 115, 126, 193
SF································82, 137
Slim··································192
SOLID 原則······················15, 41, 76
SQINT·································100
SRP··································119
SVN································184, 186

T
TDD··············38, 41, 81, 84, 91, 96, 124, 156
TDD の 3 原則··························93
TDD の利点····························94
Teradyne 社···········34, 65, 80, 107, 142, 159, 181
TextMate······························189
The Craft Dispatch System···············66
The Electronic Receptionist·············65
TRS-80································100

U
UML································41, 193
UNIX·································194

V
Varian 620i·····························31
vi·································182, 187
VIC-20································100

W
Watir·····························126, 193
Wiki··································189

X
XP·································41, 91

Z
Z80··································141

ア
曖昧性·····························109, 111
アキュムレータ·························174
アップデート·························184
あとで書けるテスト·····················96
あとでやる····························66
穴のルール····························139
アナリスト····························168
アプリの説明····························61
アプレンティス·························179
アルゴリズム··························160
アルファケンタウリ·····················101
慌てない·····························156
アンジェリーナ・ジョリー··················59
暗黙のコミットメント···················145

198

索引

イ

「いい仕事」をすればいい	162
「イエス」	57, 64, 70, 179
「イエス」と言う	65
「イエス」と言う代償	57
怒り	154
意識のバックグラウンドプロセス	78
医者	36, 177
異常系のテスト	116, 168
イテレーション	112, 116, 124, 183
～計画会議	134
～レトロスペクティブ	134
イベントディスパッチシステム	77
今からやろう	66
インストラクションシート	174
インターン	179
インターンシップ	177
インタプリタ言語	92
インテグレーションテスト	127
インテグレーションテストツール	193
陰謀	154

ウ

ヴォーパルブレード	161
ウォーターフォール	41
ウォーターフォール型の開発	41
ウォード・カニンガム	192
受け入れテスト	38, 88, 107, 111, 119, 123, 124, 126, 168
～とユニットテスト	119
～の目的	114
～はテストではない	119
～を書くとき	116
ウソ	50, 55, 87, 139, 140

エ

エクストリームプログラミング	91
エディタ	187
エマニュエル・ガイロット	102
エンジニア責任者	34
エンタープライズソース管理システム	183

オ

オープンソース	105
遅れ	86
オブジェクト	142
オブジェクト指向設計	41
音楽	80
温存	55

カ

カードと掲示板	189
会議	132
イテレーション計画～	134
イテレーションレトロスペクティブとデモ	134
～のコスト	132
議題と目標	133
議論と意見の不一致	135
参加を断る	132
スタンドアップミーティング	134
立ち去る	133
必要な理由	133
改行	194
解雇	32, 154, 161, 163
改善	95
開発期間	58
開発者	11, 33, 36, 107, 114, 116, 123, 141, 153, 164
開発マネージャ	154
回避	138
書きたいのに書けない	81
学位の不全	171
確実性	94
学習	42
確率分布	144
仮想関数テーブル	142
型	42, 102, 103
課題管理	189
学校で学べること	172
カニ星雲	26
カバレッジ	37
カフェイン	136
身体	102
カルロス・サンタナ	102
観察者効果	109
完成	111
完全完了	111

199

索引

カンバン · 41
完ぺき人間 · 36
完了 · 87, 111, 115
完了の定義 · · · · · · · · · · · · · · · · 88, 111, 192

キ

キーパンチャー · 30
危害を加えてはいけない · · · · · · · · · · · · 36
期限 · 50
期日 · 11, 47, 86
技術プロジェクトマネージャ · · · · · · · · · 11
期待 · 86
期待はプロジェクトの殺し屋 · · · · · · · · 86
汚い関数 · 95
キッチンタイマー · · · · · · · · · · · · · · · · · 138
機能 · 38, 59, 62
機能に危害を加えてはいけない · · · · · · · 36
機能不全のチーム · · · · · · · · · · · · · · · · · 163
義務と責任 · 33
キャラクターの力 · · · · · · · · · · · · · · · · · 135
キャリア · 39
キャリッジリターン · · · · · · · · · · · · · · · 194
教訓 · 32
共同所有 · 164
興味のある会議 · · · · · · · · · · · · · · · · · · 132
協力 · 43, 89, 159
規律 · · · · · · · · · · · · · · · · 41, 71, 72, 156, 157
議論と意見の不一致 · · · · · · · · · · · · · · · 135
緊急時の規律 · 156
緊急対応 · 86
銀行のプロジェクト · · · · · · · · · · · · · · · 167
筋肉の集中力 · 137

ク

クライアント · · · · · · · · · · · · · · · · 58, 60, 61
　～が要求する機能 · · · · · · · · · · · · · · · 59
　～の知名度 · · · · · · · · · · · · · · · · · · 58, 63
クリーンコーダー · · · · · · · · · · · · · · · · · · 15
クリーンコード · 95
クリーンでいる · · · · · · · · · · · · · · · · · · 155
クリスタ・マコーリフ · · · · · · · · · · · · · · 17
クリスマスパーティ · · · · · · · · · · · · · · · 142
車で家に帰る · 85
クロスリファレンス · · · · · · · · · · · · · · · 160

クンバヤ · 89

ケ

経験を広げる · 105
継続的インテグレーション · · · · · · · · 41, 120, 124, 184
継続的学習 · 42
継続的ビルド · 190
携帯アプリ · 58
欠陥混入率 · 94
ゲル状のチーム · · · · · · · · · · · · · · · · · · 168
ゲル状のチームにプロジェクトを割り当てる · · · · · 169
ゲル状のチームは一緒に仕事を成し遂げる · · · · · 169
謙虚 · 44
健全なチーム · 57
ケント・ベック · · · · · · · · · · · · · · · · 91, 135
ケン・ファインダー · · · · · · · · · · · 65, 142, 161

コ

合意 · 149
広域デルファイ法 · · · · · · · · · · · · · · · · · 149
後期の曖昧性 · 109
攻撃的なテスト · · · · · · · · · · · · · · · · · · · 96
貢献できる会議 · · · · · · · · · · · · · · · · · · 133
工場自動化システム · · · · · · · · · · · · · · · 161
構造 · 38, 128
構造化設計 · 41
構造化プログラミング · · · · · · · · · · · · · · 41
構造化分析 · 41
構造チャート · 41
構造に危害を加えてはいけない · · · · · · · 38
傲慢 · 44
コーディング · · · · · · · · · · · · · · · · · · 75, 76
コーディング道場 · · · · · · · · · · · · · · · · · 102
コーディング用紙 · · · · · · · · · · · · · · · · · · 30
コード
　～が正常に動いていることを把握する · · · · · · · · 93
　～の共同所有 · · · · · · · · · · · · · · · · · · 164
　～の所有 · 163
　～の編集と変形 · · · · · · · · · · · · · · · · 188
　～のレビュー · · · · · · · · · · · · · · · · · · 164
　～は既存のシステムに適合しなければいけない · · · · 76
　～は顧客の問題を解決しなければいけない · · · · · · 76
　～は正しく動かなければいけない · · · · · · · · · · · 76
　～は他のプログラマが読みやすいものでなければい

200

けない · 76
　〜を書いてはいけないとき · · · · · · · · · · · · · · · · 77
　〜を見せない現場 · 163
顧客 · 35, 44, 108
顧客不満足度 · 34
コスト · 52
言葉 · 67
コピペ · 60
コミットメント · 143, 155
コミットメントとしての見積もり · · · · · · · · · · · 143
コミュニケーション · · · · · · · · · · · · · 63, 114, 157
雇用主 · · · · · · · · · · · · · · · 32, 35, 39, 44, 63, 161
ゴリラマート · 58
壊れないコード · 95
コンパイル · 93
コンポーネントテスト · · · · · · · · · · · · · · · · · · · 126
コンポーネントテストツール · · · · · · · · · · · · · 191
コンポーネントの原則 · 41

サ

サードパーティ · 59, 95
サービスエリアマネージャ · · · · · · · · · · · · · · · · 34
サイクル · 92, 93
「最高の小脳を擦り合わせに来い」 · · · · · · 165
最善の成果 · 49, 50
最早終了日 · 86
最遅終了日 · 86
作業を見積もる · 148
策略 · 154
去り際を知る · 85
残業 · 73, 87
残業に同意してはいけないとき · · · · · · · · · · · 87
サンプルコード · 95

シ

詩 · 82
シーケンス番号 · 30
ジェームス・グレニング · · · · · · · · · · · · · · · · 149
ジェリー・フィッツパトリック · · · · · · · · · · · 65
時間管理 · 131
時間に間に合わない · 69
磁気テープ · 159
σ · 147
自己中心的 · 162

仕事 · 12, 49, 117, 161
仕事で学べること · 172
「事実」 · 51
師匠 · 176
史上最高の開発者 · · · · · · · · · · · · · · · · · · · 61, 63
システムテスト · 127
システムの仕様を決める · · · · · · · · · · · · · · · · 115
実際にやる · 66
失敗 · 55
失敗のコスト · 52
指導 · 43, 90, 171 - 173, 175
自動 QA · 38
自動受け入れテスト · · · · · · · · · · · · · · 88, 115, 168
自動化 · 114
自動テスト · 112, 184
自動ユニットテスト · · · · · · · · · · · · · · · · · · · 37, 93
自分勝手な「完了」の定義 · · · · · · · · · · · · · · · 87
自分のコード · 163
自分の時間を管理できるのは自分だけ · · · · · · · · · · 132
自分の装置 · 163
自分のプロジェクトの損失と相手のプロジェクトの利
　益 · 133
自分のペースを保つ · 85
自分の見積もりを死守する · · · · · · · · · · · · · · · 86
ジム・カーリン · 176
締め切り · 154
締め切りに間に合わないかもしれない · · · · · · · 86
ジャーニーマン · 178
社交的な能力 · 175
謝罪 · 37
社内政治 · 163
ジャバウォック · 161
シャワー · 85
集中力 · 77, 135
充電 · 137
柔軟性 · 39
出荷 · 34
手動探索テスト · 128
受動的攻撃 · 56, 117, 135
受動的な態度 · 50
手動テスト計画 · 114
循環バッファ · 83
詳細 · 193, 194
上司 · 49

201

索引

昇進・・・・・・・・・・・・・・・・・・・・・・・・・・154
状態遷移図・・・・・・・・・・・・・・・・・・・・41
状態遷移表・・・・・・・・・・・・・・・・・・・・41
小脳・・・・・・・・・・・・・・・・・・・・・・・・・・165
仕様を見つけるQA・・・・・・・・・・・・124
職業倫理・・・・・・・・・・・・・・・・・・・・・・89
職人気質・・・・・・・・・・・・・・171,179
ジョン・ブランコ・・・・・・・・・・・・・57
信じているもの・・・・・・・・・・・・・156
信頼できるテスト・・・・・・・・・・・・95
親和的見積もり・・・・・・・・・・・・・150

ス

睡眠・・・・・・・・・・・・・・・・・・・・・・・・・136
スウェットエクイティ・・・・・・77,154
スキル・・・・・・・・・・・・・・・・・・・・・・・99
スクラム・・・・・・・・・・・・・・・・41,91
スクリプト言語・・・・・・・・・・・・・107
優れたコード・・・・・・・58-60,62,64
優れた設計・・・・・・・・・・・・・・・・・96
スケジュール・・・・・・・11,37,60,131
スコッティ・・・・・・・・・・・・・・・・178
スタンドアップミーティング・・・・134
ステークホルダー・・・・・86,109,114,116
ストレス・・・・・・・・・・・・・・・・・・154
スペースシャトルチャレンジャー号・・・17
スレッド・・・・・・・・・・・・・・・・・・・83

セ

正確性・・・・・・・・・・・・・・・・・・・・・114
成果物・・・・・・・・・・・・・・・・・・・・・・41
成功を約束する・・・・・・・・・・・・・・55
生産性・・・・・・・・・49,78,79,92,101
生産的な時間・・・・・・・・・・・・・・・138
正常系のテスト・・・・・・・・・116,168
責任・・・・・・・・・・・・・18,34,36,48,63
責任追及・・・・・・・・・・・・・・・・・・・・11
絶叫・・・・・・・・・・・・・・・・・・・・・・・154
設計・・・・・・・・・・・・・・・・・・・・・・・・96
設計原則・・・・・・・・・・・・・・・・・・・・41
拙速・・・・・・・・・・・・・・・・・・・・・・・155
接続のテスト・・・・・・・・・・・・・・・127
説明は簡単だが記述するのは難しい・・・・・59
先生・・・・・・・・・・・・・・・・・・・175,176

全米トラック運転手組合・・・・・・・・31,47
専門分野を知る・・・・・・・・・・・・・・41

ソ

素因数分解・・・・・・・・・・・・・・42,103
操作コード・・・・・・・・・・・・・・・・174
創造性が創造性を育む・・・・・・・・82
創造的なインプット・・・・・・・82,137
ソースコード管理・・・・・・・・・・・183
ゾーン・・・・・・・・・・・・・・・・・79,80
ゾクゾク・・・・・・・・・・・・・・・・・・173
速度・・・・・・・・・・・・・・・・・・・・・・169
ソフトウェア・・・・・11,19,33,36,159,177
　　〜の継続的な変更・・・・・・・・・・39
　　〜の徒弟制度・・・・・・・・・・・・178
　　〜の沼・・・・・・・・・・・・・・・・・139
　　〜のリリース・・・・・・・・・・・・・37
　　〜は変更しやすい・・・・・・・・・38
それはできません・・・・・・・・・・・49
存在しないクラスや関数・・・・・・・93

タ

ターンアラウンドタイム・・・・・・101
大金・・・・・・・・・・・・・・・・・・・・・・・52
大惨事・・・・・・・・・・・・・・48,87,163
大数の法則・・・・・・・・・・・・・・・・151
タイムボックス・・・・・・・・・・・・・138
対立・・・・・・・・・・・・・・・・・・・・・・・50
助けを呼ぶ・・・・・・・・・・・・・・・・157
正しい「イエス」・・・・・・・・・・・・57
正しいインタフェースでテストする・・・120
「達人」デイヴ・トーマス・・・・・・102
「たぶん」・・・・・・・・・・・・・・・・・・71
試しにやってみる・・・・・・・・・54,70
誰かにやってもらおう・・・・・・・・68
単一責任原則・・・・・・・・・・・・・・・119
探索テスト・・・・・・・・・・・・124,128
端末・・・・・・・・・・・・・・・・48,80,82
ダン・ラザー・・・・・・・・・・・・・・・18

チ

チーム・・・31,49,86,88,159,163,165,167
　健全な〜・・・・・・・・・・・・・・・・・・57
　〜作りには時間がかかる・・・・・・・168

索引

～とプロジェクト ・・・・・・・・・・・・・・・・・・・・ 167, 169
～のコード ・・・・・・・・・・・・・・・・・・・・・・・・・ 164
～の速度 ・・・・・・・・・・・・・・・・・・・・・・・・・・ 169
～のペースを保つ ・・・・・・・・・・・・・・・・・・・ 85
～プレーヤー ・・・・・・・・・・・・・・・・・・・ 53, 54, 56
～メンバ ・・・・・・・・・・・・・・・・・・・ 12, 161, 168
チームスター ・・・・・・・・・・・・・・・・・・・・ 31, 47, 82
チェックアウト ・・・・・・・・・・・・・・・・・・・・・・ 182
知識の共有 ・・・・・・・・・・・・・・・・・・・・・・・・・ 164
チップ交換 ・・・・・・・・・・・・・・・・・・・・・・・・・ 141
中間的なビルド ・・・・・・・・・・・・・・・・・・・・・ 187
調和のとれたチーム ・・・・・・・・・・・・・・・・・・ 49

ツ

通常の終了日 ・・・・・・・・・・・・・・・・・・・・・・・・ 86
ツール ・・・・・・・・・・・・・・・・・・・・・・・・・ 181, 183
使い捨てコード ・・・・・・・・・・・・・・・・・・・・・・ 60
疲れているときにコードを書いてはいけない ・・・・・77

テ

デイヴ・トーマス ・・・・・・・・・・・・・・・・・・・・ 102
定期的な進捗管理 ・・・・・・・・・・・・・・・・・・・・ 86
定時 ・・・・・・・・・・・・・・・・・・・・・・・・・・・・・ 162
ディシジョンテーブル ・・・・・・・・・・・・・・・・・ 41
ティム・コンラッド ・・・・・・・・・・・・・・・・・・ 159
ディレクトリ一覧 ・・・・・・・・・・・・・・・・・・・・ 182
データ ・・・・・・・・・・・・・・・・・・・・・・・・・・・・ 135
データ構造 ・・・・・・・・・・・・・・・・・・・・・・・・・ 160
テープ ・・・・・・・・・・・・・・・・・・・・・・・・・ 30, 181
敵対視 ・・・・・・・・・・・・・・・・・・・・・・・・・・・・ 44
できるかどうかわからない ・・・・・・・・・・・・・・ 69
デザインパターン ・・・・・・・・・・・・・・・・・・・・ 41
テスター ・・・・・・・・・・・・・・・・ 88, 114, 167, 168
テスト ・・・・・・・・・ 35, 37, 39, 72, 91, 93, 95, 123, 182
～駆動開発 ・・・・・・・・・・・・・・・・・・・・ 38, 91
～自動化ピラミッド ・・・・・・・・・・・・・・・ 124
～しにくいコード ・・・・・・・・・・・・・・・・・ 38
～戦略 ・・・・・・・・・・・・・・・・・・・・・・・・・ 123
～ツール ・・・・・・・・・・・・・・・・・・・・・・・ 190
～なんかあとで書けるよ ・・・・・・・・・・・・・ 96
～の交渉 ・・・・・・・・・・・・・・・・・・・・・・・ 117
～の自動化 ・・・・・・・・・・・・・・・・・・・・・・ 37
～を書くということ ・・・・・・・・・・・・・・・・ 115
手伝う ・・・・・・・・・・・・・・・・・・・・・・・・・・・・ 88

手伝ってもらう ・・・・・・・・・・・・・・・・・・・・・・ 89
デッドライン ・・・・・・・・・・・・・・・・・・・・・・・ 153
デバッグ ・・・・・・・・・・・・・・・・・・・・・・・・ 82, 84
デプロイの独立性 ・・・・・・・・・・・・・・・・・・・・ 142
テレタイプ ・・・・・・・・・・・・・・・・・・・・・・・・・ 194
電話 ・・・・・・・・・・・・・・・・・・・・・・・・・・・・・・ 65
電話回線 ・・・・・・・・・・・・・・・・・・・・・・・・・・・ 181
電話回線の品質計測 ・・・・・・・・・・・・・・・・・・・ 34
電話局 ・・・・・・・・・・・・・・・・・・・・・・・・・・・・ 141

ト

動作することを把握しなければいけない ・・・・・・ 37
道徳的に汚れのない ・・・・・・・・・・・・・・・・・・・ 15
ドキュメント ・・・・・・・・・・・・・・・・・・・・・・・・ 95
ドキュメントとしてのテスト ・・・・・・・・・・・・ 119
読書 ・・・・・・・・・・・・・・・・・・・・・・・・・・・・・・ 82
特性を見つける QA ・・・・・・・・・・・・・・・・・・ 124
ドットコムブーム ・・・・・・・・・・・・・・・・・・・・ 165
徒弟制度 ・・・・・・・・・・・・・・・・・・・ 171, 177, 178
トマト ・・・・・・・・・・・・・・・・・・・・・・・・・・・・ 138
トム・デマルコ ・・・・・・・・・・・・・・・・・・・・・ 110
ドメイン ・・・・・・・・・・・・・・・・・・・・・・・・・・・ 43
ドラム記憶装置 ・・・・・・・・・・・・・・・・・・・・・ 173

ナ

「なぜ」 ・・・・・・・・・・・・・・・・・・・・・・・・・・・・ 51
ナルシスト ・・・・・・・・・・・・・・・・・・・・・・・・・ 162
縄張り意識 ・・・・・・・・・・・・・・・・・・・・・・・・・・ 89
難癖 ・・・・・・・・・・・・・・・・・・・・・・・・・・・・・ 109
軟弱 ・・・・・・・・・・・・・・・・・・・・・・・・・・・・・ 162

ニ

ニーズ ・・・・・・・・・・・・・・・・・・・・・・・・・・・・ 108
二分探索 ・・・・・・・・・・・・・・・・・・・・・・・・・・・ 160

ヌ

沼 ・・・・・・・・・・・・・・・・・・・・・・・・・・・・・・・ 139

ネ

ネクタイ ・・・・・・・・・・・・・・・・・・・・・・・・・・・ 162

ノ

納期 ・・・・・・・・・・・・・・・・・・・・ 35, 37, 60, 62, 63
「ノー」 ・・・・・・・・・ 49, 51, 52, 57, 63, 70, 145, 179

203

ハ

「ノー」と言う ……………………………… 47
望みがなければ変化もない ……………………… 195

ハ

バグ ……………………… 34 - 36, 161, 177
バグ退治 ……………………………… 123
バグのカウント ……………………… 189
はじめてのコンピュータ ……………………… 172
はじめてプログラムが動いた瞬間 ……………… 173
バックグラウンドの心配事 …………………… 78
バックログ項目 ……………………… 134
発酵 ……………………………… 169
ハッシュテーブル ……………………… 160
パッチ ……………………………… 142
バットマンとロビン ……………………… 11, 13
早すぎる詳細化 ……………………… 109
バリー・ベーム ……………………… 149
反対 ……………………………… 109
反対者の役割 ……………………… 49
パンチカード ……………………… 30
反応 ……………………………… 102
反復練習 ……………………… 42
「半分人間などいない」 ……………………… 168
ハンモック駆動開発 ……………………… 101

ヒ

ヒーロー ……………………… 63, 154
悲観値 ……………………………… 146
悲観的ロック ……………………… 183
非現実的なコミットメント ……………………… 155
ビジネス ……………………… 11, 107, 155, 176
ビジネスアナリスト …………… 88, 116, 167, 192
ビジネス価値 ……………………… 141, 168
ビジネスを沈めさせないのが仕事 ……………… 161
ひどいコード ……………………… 95
非難 ……………………………… 11
ヒポクラテスの誓い ……………………… 36
標準値 ……………………………… 146
標準偏差 ……………………… 147
ビルド ……………………………… 101
ピン ……………………………… 182
ピンク・フロイド ……………………… 80
ピンポンゲーム ……………………… 104

フ

ファイル ……………………………… 181
不安なコード ……………………… 78
ブール代数 ……………………… 173
フェローシップ ……………………… 177
不確実 ……………………………… 71
不確定性原理 ……………………… 109
袋小路 ……………………………… 139
武術家 ……………………………… 101
フライングフィンガー ……………………… 149
ブラックフライデー ……………………… 58
ブランチ ……………………………… 184
プランニングポーカー ……………………… 149
フリーズ ……………………………… 48
振り付けのテスト ……………………… 127
フレームワーク ……………………… 95
プレッシャー ……………………… 153
プレッシャーがダイヤモンドを作る ……………… 11
プレッシャーから逃れる ……………………… 155
プレッシャーを乗り越える ……………………… 156
プロ …………… 11, 13, 19, 29, 32, 33, 42, 44, 49, 58,
72, 78, 84, 89, 93, 95, 99, 107, 115, 123, 131, 139, 141, 143,
153, 159, 161, 164, 169
〜意識 ……………………… 29, 33, 36, 62, 64
〜が備えるべき最低限のこと ……………… 41
〜の選択 ……………………… 96
〜のソフトウェア開発者 ……………… 33
〜の態度・規律・行動 ……………… 29
〜の振る舞い ……………………… 13, 64
〜のプログラマ ……………………… 29
〜は一緒に働く ……………………… 165
〜はペアを組む ……………………… 164
フロー ……………………………… 79
フローチャート ……………………… 41
プログラマ …………… 29, 36, 49, 89, 95, 107, 167
「〜」対「雇用主」 ……………………… 161
「〜」対「〜」 ……………………… 163
〜の第一の責任 ……………………… 161
〜は最初から〜ではない ……………… 177
〜は詳細の管理者である ……………… 193
プログラミング ……………………… 44, 88, 172
プログラミングの型 ……………………… 103
プログラム ……………………… 30
プロジェクト ……………………… 38, 86, 167

索引

～オーナーのジレンマ ･････････････････ 170
～とチーム ･･････････････････････････ 169
～の分割 ･･･････････････････････････ 167
～の周りにチームを作る ･････････････ 169
～マネージャ ･･････････････ 11, 167, 168
プロダクションコード ･･･････････････････ 93
分散ソース管理システム ･･･････････････ 184

ヘ

ペア ･････････････････････ 81, 156, 164
ペアプログラミング ･････････････ 41, 164
並行更新 ･････････････････････････････ 83
ページ ･････････････････････････････ 182
ペトリネット ･･･････････････････････････ 41
ヘルプ ･･･････････････････････････････ 88
変成器 ･････････････････････････････ 176

ホ

ボイスメール ･････････････････････････ 65
防御的なテスト ･･･････････････････････ 96
方法論 ･･･････････････････････････････ 41
法務部 ･･･････････････････････････････ 12
ボウリングゲーム ･･･････････ 42, 102, 103
ボーイスカウトの規則 ･････････････････ 39
保守性 ･･･････････････････････････････ 39
ボブおじさん ･････････････････････････ 25
ポモドーロテクニック ･････････････････ 138
ポラリス型原子力潜水艦 ･････････････ 146
本物のプログラミングのサイクル ･･･････ 92

マ

マージ ･････････････････････････････ 184
マーフィー ･････････････････････････ 144
マイクロマネジメント ･･･････････････ 13, 51
マイケル・ムーア ･･･････････････････ 101
マジックナンバー ･････････････････････ 60
マスター ･･･････････････････････････ 178
マスターテープ ･･･････････････････････ 182
マナ ･･･････････････････････････････ 135
マニュアル ･･･････････････････････････ 172
マネージャ ･･･････････ 49, 61, 133, 167
マルチメーター ･･･････････････････････ 176

ミ

ミーム ･････････････････････････････ 180
短いサイクル ･･････････････････････････ 92
ミステリー小説 ･･･････････････････････ 82
見「つもり」 ･････････････････････････ 151
見積もり ･････････････････ 53, 86, 141, 155
見積もりの不安 ･･･････････････････････ 109
見積もりの問題 ･･･････････････････････ 143
μ ･･･････････････････････････････ 146

ム

無責任 ･････････････････････････ 35, 67

メ

明確性 ･････････････････････････････ 114
めい想状態 ･････････････････････････ 79
名誉と誇り ･･･････････････････････････ 33
命令コード ･･･････････････････････････ 174
メインライン ･･･････････････････････ 187
メール送信 ･････････････････････････ 77
メンター ･･･････････････････････････ 176
メンツ ･･･････････････････････････････ 35
メンバ ･･･････････････ 12, 159, 161, 168

モ

モートン＝サイオコール社 ･････････････ 18
目標につながる行動 ･････････････････ 68
モトローラパルサー ･････････････････ 159
問題は詳細だ ･････････････････････ 193
モンティ・パイソン ･････････････････････ 60

ヤ

夜間ルーティン ･･･････････････････････ 34
約束 ･････････････････････････････ 55, 67
約束の言葉 ･････････････････ 66, 68, 70
やってみます ･･････････････････ 48, 49, 54
やります ･････････････････････････････ 50

ユ

勇気 ･････････････････････････････････ 95
優先順位の逆転 ･････････････････････ 139
幽体離脱 ･･･････････････････････････ 153
ユニットテスト ･････ 37, 38, 60, 91, 93, 95, 119, 123 - 125,
190

205

~ツール · 190
~と受け入れテスト · · · · · · · · · · · · · 119
~はテストではない · · · · · · · · · · · · 119

ヨ

要求 · 107, 168
~から曖昧性を排除する · · · · · · · · · · · · 111
~の完了を定義する · · · · · · · · · · · · · 111
~は変化する · · · · · · · · · · · · · · · · · 109
「~文書の曖昧性は、ステークホルダーの議論を表
している」· · · · · · · · · · · · · · · · · 110
~を詳細化していくと、開発中のシステムとかけ離
れていく · · · · · · · · · · · · · · · · · 109
容赦ないリファクタリング · · · · · · · · · · · · · 39
予算 · 63
予測 · 143
予測としての見積もり · · · · · · · · · · · · · · · 143
予定や時間なんて大したことじゃない · · · · · · · 162
余分な仕事 · · · · · · · · · · · · · 55, 70, 87, 115, 119

ラ

ライフゲーム · 102
ラインフィード文字 · · · · · · · · · · · · · · · · · 194
楽観値 · 146
楽観的ロック · 183
乱取り · 104

リ

リアルタイムインスペクタ · · · · · · · · · · · · · · 83
リーチ・ヒッキー · · · · · · · · · · · · · · · · · · · 101
リーン · 41
リグレッション · 124
リグレッションテスト · · · · · · · · · · · · · · · · · 72
リスク · 18, 155

リスト · 182
リターン文字 · 194
リファクタリング · · · · · · · · · · · · · · · · · 60, 72
リリース · 187
リレー · 176
リンクトリスト · 160
輪転機を止めろ · · · · · · · · · · · · · · · · · · · 120

レ

レジデンシー · 177
レッド・ツェッペリン · · · · · · · · · · · · · · · · · 80
レビュー · 164
練習 · 42, 99
練習の倫理 · 105
連絡 · 69

ロ

ロイ・オシュエラオブ · · · · · · · · · · · · · · · · · 66
労働倫理 · 39
ローウェル・リンドストローム · · · · · · · · · · · 150
ローレント・ボサビット · · · · · · · · · · · · · · · 102
ログインページ · 49
ロック · 48
ロバート・C・マーチン · · · · · · · · · · · · · · · · 25
ロマンス小説 · 82

ワ

ワード · 173
ワードラップ · 103
技 · 104
技や動作が巧み · 15
割り込み · 80
割り込み駆動 · 83
悪口 · 154

- 本書は、株式会社 KADOKAWA/アスキー・メディアワークスより刊行された『Clean Coder』を再刊行したものです。再刊行にあたり、旧版刊行後に発見された誤植等を修正しております。
- 本書に対するお問い合わせは、電子メール (info@asciidwango.jp) にてお願いいたします。但し、本書の記述内容を越えるご質問にはお答えできませんので、ご了承ください。

クリーンコーダー
Clean Coder
プロフェッショナルプログラマへの道

2018 年 7 月 27 日　初版発行
2022 年 12 月 15 日　第 1 版第 2 刷発行

著　者　Robert C. Martin
　　　　ロバート　マーチン
訳　者　角 征典
　　　　かど まさのり

発行者　夏野 剛
発　行　株式会社ドワンゴ
　　　　〒104-0061
　　　　東京都中央区銀座 4-12-15 歌舞伎座タワー
　　　　編集　03-3549-6153
　　　　電子メール　info@asciidwango.jp
　　　　https://asciidwango.jp/

発　売　株式会社 KADOKAWA
　　　　〒102-8177
　　　　東京都千代田区富士見 2-13-3
　　　　KADOKAWA 購入窓口　0570-002-008 (ナビダイヤル)
　　　　https://www.kadokawa.co.jp/

印刷・製本　　株式会社リーブルテック
Printed in Japan

本書 (ソフトウェア/プログラム含む) の無断複製 (コピー、スキャン、デジタル化等) 並びに無断複製物の譲渡および配信は、著作権法上での例外を除き禁じられています。また、本書を代行業者などの第三者に依頼して複製する行為は、たとえ個人や家庭内での利用であっても一切認められておりません。定価はカバーに表示してあります。

ISBN978-4-04-893064-2　C3004

アスキードワンゴ編集部
編　集　　鈴木嘉平